El Dios que sana

❖   ❖   ❖

El Dios que sana

Palabras de esperanza para tiempos
de enfermedad y sufrimiento

✦ ✦ ✦

Johann Christoph Blumhardt
Christoph Friedrich Blumhardt

Editado por Charles E. Moore
Prólogo de Rick Warren
Traducción de Raúl Serradell

Plough Publishing House

Publicado por Plough Publishing House
Walden, Nueva York, Estados Unidos
Robertsbridge, East Sussex, Reino Unido
Elsmore, Nueva Gales del Sur, Australia
www.plough.com

Título del original en inglés:
The God Who Heals: Words of Hope for a Time of Sickness

Primera edición en inglés: 2016
Primera edición en español: 2019

Cuando no se indica otra versión de la Biblia,
las citas bíblicas se han tomado de la Nueva Versión Internacional,
© Biblica, 1999, 2015.

Traducción de Raúl Serradell
Fotografía de la cubierta: Wilma Mommsen
ISBN 13: 978-0-87486-285-0

Un registro de este libro está disponible
en el catálogo de la Biblioteca Británica.

Datos de catalogación de la publicación
en la Biblioteca del Congreso:

Nombres: Blumhardt, Johann Christoph, 1805–1880, autor.
| Blumhardt, Christoph Friedrich, 1842–1919, autor.
Título: El Dios que sana : Palabras de esperanza para tiempos de enfermedad y sufrimiento
/ Johann Christoph Blumhardt, Christoph Friedrich Blumhardt ;
Editado por Charles E. Moore; prólogo de Rick Warren; traducción de Raúl Serradell.
Descripción: Walden, NY : Plough Publishing House, 2019. | Originalmente publicado bajo el
título: The God Who Heals. Words of Hope for a Time of Sickness :
Walden, NY : Plough Publishing House, 2016.
LCCN 2019009926 (print) | LCCN 2019017297 (ebook) | ISBN
9780874862867 (epub) | ISBN 9780874862850 (pbk.)
Temas: Consolación. | Sanación — Aspectos religiosos
— Cristianismo — Meditaciones.

Vengan a mí todos ustedes que están cansados y agobiados, y yo les daré descanso. Carguen con mi yugo y aprendan de mí, pues yo soy apacible y humilde de corazón, y encontrarán descanso para su alma. Porque mi yugo es suave y mi carga es liviana. (Mateo 11:28–30)

Jesús de Nazaret

CONTENIDO

Dios promete sanar

Vean lo que Dios puede hacer

La esperanza que es nuestra

PRÓLOGO

RICK WARREN

En algún momento de la vida, cada persona experimentará sufrimiento, dolor, y eventualmente la muerte. Es algo inevitable. Cuando suceda, ¿cómo vamos a responder? Muchos de nosotros, incluso los cristianos, luchamos con el propósito de Dios cuando de repente nos enfrentamos ante una enfermedad grave o un diagnóstico terminal. Nuestra primera respuesta es acudir a Dios y pedirle que nos libre del sufrimiento. Pero ¿qué si su respuesta no es sanarnos inmediatamente, sino perfeccionarnos por medio del sufrimiento? Ese tiempo puede poner a prueba nuestra fe. Pero, si podemos rendir nuestra voluntad a la suya, a través de ese dolor Dios puede profundizar nuestra fe, sanar nuestra alma y restaurar nuestra alegría.

En su libro, *El Dios que sana*, los Blumhardt, padre e hijo, nos recuerdan que la sanación física no es la suprema respuesta de Dios a la oración. La verdadera sanación es confiar en Dios aun cuando no podamos entender. Significa creer en las promesas escritas de su Palabra, que renuevan nuestra mente y elevan nuestro espíritu aunque desfallezca nuestro cuerpo. No significa sucumbir a nuestros temores, sino rendirnos completamente a Jesús. Cualquiera sea la circunstancia que estés enfrentando en este momento, este libro de lecturas diarias te ayudará a enfocarte en una relación más íntima con Jesús, nuestro único y verdadero sanador espiritual.

Cuando atraviesas por valles profundos, Dios está ahí contigo, caminando a tu lado a medida que experimentas el sufrimiento. Él lo conoce bien, lo ha experimentado y lo entiende. Como uno que conoce el máximo sufrimiento, Jesús es nuestro consolador supremo. En su Primera Carta a los Corintios, el apóstol Pablo nos dice que así como Dios nos consuela en nuestras tribulaciones, así también nosotros podemos consolar a otros. ¿Cómo responderás al sufrimiento en tu vida? Nuestra fe nos dice que Jesús es la fuente de victoria en nuestras vidas incluso en medio del sufrimiento. Eso es porque Dios no desperdicia ningún dolor. Él puede usar ese dolor para guiarnos en el camino que quiere que recorramos, para revelar lo que hay en nuestro interior, para perfeccionarnos, y para hacernos más semejantes a él. Él es el gran médico que se especializa en convertir el dolor en bendición.

Abre del todo tu vida a él y conoce a Jesús más íntimamente. Sumérgete en estas «palabras de esperanza para tiempos de enfermedad y sufrimiento», que escribieron los Blumhardt, y descubre la fortaleza de la sanación para tu alma. Guarda la palabra de Dios en tu corazón, rinde tu voluntad y confía en las promesas de Dios. Él te llevará hasta la eternidad. ¡Tienes su Palabra!

INTRODUCCIÓN

CHARLES E. MOORE

RICHARD SCOTT, mi amigo y colega pastor, recién había sido diagnosticado con cáncer cuando le dijo a nuestra congregación: «Las personas que enfrentan una enfermedad grave o la muerte deben preguntarse a sí mismas: "¿Qué voy a hacer? ¿Voy a permitir que esto me cambie, o voy a resistir y evitar la voluntad de Dios para mi vida?"».

Tengo que admitir que esas palabras me incomodaron. ¿En qué sentido tenía que cambiar mi amigo? Él era uno de los seguidores de Cristo más humildes y comprometidos que yo conocía. Además, me habían enseñado que los que luchaban contra una enfermedad grave tenían que recuperarse. Solo entonces podrían ser útiles para Dios, y para cualquier otra persona en ese caso. Necesitaban consuelo, apoyo y asistencia médica. Necesitaban que la vida volviera a la normalidad.

Esta fue mi primera reacción. Sin embargo, en el fondo sabía que lo que Richard decía era verdad. Anteriormente ya me había cruzado con la cruda realidad de la muerte, cuando mi esposa fue diagnosticada con cáncer a la edad de cuarenta años. Todo se detuvo, todo cambió. Dios nos estaba hablando, y nosotros sabíamos —aunque nunca hablamos sobre eso—, que su bienestar físico no era lo más importante. Afortunadamente, mediante la oración, el apoyo de amigos y la ayuda médica, se recuperó. Pero quizá aún más importante, a través de esta experiencia difícil Dios nos concedió un don: algo de lo alto, algo eterno, algo perdurable entre nosotros y dentro de nosotros que se ha convertido en nuestro enfoque principal.

En nuestra era científica somos bombardeados con un mensaje diferente, según el cual el dolor, la enfermedad y la muerte son males que se deben resistir a todo costo. Las maravillas de la medicina moderna se proclaman como el antídoto para cualquier dolencia que pudiera afligirnos, y casi siempre existe otro curso de acción disponible, otro tratamiento prometedor. A pesar de eso, todos nosotros tenemos que lidiar con cuerpos que son frágiles y vulnerables a toda clase de enfermedades, sin mencionar lo inevitable del envejecimiento. Y sabemos que tener un cuerpo sano es una cosa;

pero otra muy distinta es vivir una vida plena y significativa, en paz con nosotros mismos y con los demás.

Luego viene el momento cuando cada uno de nosotros tiene que afrontar la eternidad. Cuando esto sucede, toda nuestra vida se presenta ante nosotros. Richard lo experimentó cuando fue evidente que su cáncer era incurable. Sin embargo, a pesar de este diagnóstico sombrío, vivió como alguien que había experimentado la sanación de Dios. Una y otra vez me señalaba, y a muchos otros, a la libertad y paz que llegan cuando confesamos nuestros pecados y podemos presentarnos delante de Dios con una conciencia limpia. «A fin de cuentas, recibimos la sanidad cuando nos arrepentimos», dijo una vez. En sus últimos días, parecía más vivo que nunca antes. Había aceptado la voluntad de Dios y estaba en paz.

¿Cómo llegó Richard a este grado de aceptación y certeza interior? ¿Y dónde encontró la fuerza para aferrarse mientras progresaba su enfermedad? Durante sus últimos meses en la tierra, a menudo acudía a las reflexiones que ahora tienes en tus manos (que yo le enviaba a él y a su esposa para que las leyeran después que las descubrí). Fueron escritas por dos hombres de una profunda fe, quienes durante sus vidas se preocuparon de incontables almas sufrientes. Las selecciones en *El Dios que sana* pueden ayudarnos hoy a vivir con más plenitud y con más propósito, a pesar de nuestro sufrimiento. Nos muestran lo que más necesitamos en tiempos de enfermedad.

¿Quiénes son los Blumhardt, cuyas palabras han ayudado a tanta gente? Johann Christoph Blumhardt (1805–1880) fue un pastor en Alemania. A temprana edad se hizo evidente que había sido destinado para ser usado por Dios. Esto pudo verse en su habilidad para convertir a la fe a sus compañeros de la infancia y en su trabajo inicial entre la juventud endurecida. Blumhardt se encargó de una pequeña parroquia en Möttlingen, una aldea remota cerca de la Selva Negra. Ahí se encontró cara a cara con las fuerzas malignas de la enfermedad, la adicción, las enfermedades mentales y otras aflicciones que solo pudo atribuir a la posesión demoníaca que ataba a algunos en su congregación. Cuando el médico local le preguntó a Blumhardt quién iba a cuidar las almas de sus pacientes, Blumhardt asumió el desafío armado con oración, paciencia y persistencia.

Esta batalla espiritual comenzó en serio en 1841, para una mujer joven llamada Gottliebin Dittus, que sufría de trastornos nerviosos recurrentes y de varios otros «ataques» extraños e inexplicables. Blumhardt se embarcó en una larga lucha de dos años que terminó en la victoria sobre los poderes demoníacos. Nunca pudo haber anticipado lo que pasaría después. Casi de la noche a la mañana, el pueblo de Möttlingen fue sacudido por un movimiento de arrepentimiento y renovación sin precedentes. Se devolvió la propiedad robada, se restauraron los matrimonios rotos, los enemigos se reconciliaron, los alcohólicos fueron curados y la gente enferma fue sanada. La aldea entera experimentó cómo podía ser la vida cuando Dios tenía la libertad para reinar. ¡Jesús fue victorioso!

Se corrió la voz, y pronto la casa parroquial de Blumhardt ya no podía acomodar a toda la gente que acudía en masa en busca de sanación. Eventualmente, debido a las restricciones impuestas a su trabajo por sus superiores eclesiásticos, Blumhardt dejó su pastorado y trasladó su ministerio a Bad Boll, un complejo de grandes edificios que fue construido como un spa alrededor de un manantial de aguas termales. En Bad Boll, muchas personas desesperadas y agobiadas con padecimientos mentales, emocionales, físicos y espirituales encontraron tranquilamente la sanación y una fe renovada.

Christoph Friedrich Blumhardt (1842–1919) apenas tenía un año de edad cuando su padre comenzó su batalla de oración por Gottlieben Dittus. Sin embargo, esta experiencia se convertiría en el telón de fondo de todo lo que experimentaría en la vida. Cuando su familia se mudó a Bad Boll, tenía diez años de edad.

Con el tiempo, Christoph trabajó junto a su padre y, después de su muerte, continuó con su misión.

Preocupado por la publicidad que rodeaba a las sanaciones físicas milagrosas, Christoph se retiró por completo de la predicación pública. Aunque continuaba experimentando los poderes sanadores de Dios, llegó a creer que lo que Jesús y los profetas más querían era un mundo nuevo: la soberanía de Dios sobre todas las cosas. Dios quería transformar tanto la persona interna como la externa, tanto a individuos como a sociedades enteras.

Ningún otro escritor ha influido más mi fe en la bondad de Dios y en su poder sanador que los Blumhardt. Con una valiente confianza en el Dios que obra milagros y una sencilla aceptación de la voluntad de Dios en todas las cosas, estos dos hombres nos impulsan a buscar más allá de nuestra condición física, a Jesús y a su reino, que sana y da vida tanto al alma como al cuerpo. Para ellos, la realidad redentora del amor sanador de Dios no solo nos consuela en nuestra aflicción, sino que tiene el poder de renovar nuestros espíritus, concediéndonos la paz que sobrepasa todo entendimiento. Nos asegura que incluso los remedios más materiales pueden ser mejorados mediante la oración, y que, cuando nos rendimos completamente a la voluntad de Dios, sucederán cosas mucho más grandes. Estas verdaderamente son buenas nuevas, especialmente para los que conocen de primera mano las limitaciones de la ciencia médica y la imposibilidad de una vida libre del dolor.

Por esta razón acudo a los Blumhardt una y otra vez para recibir valor renovado y una nueva perspectiva. También he compartido sus reflexiones con amigos y conocidos, quienes en tiempos de terrible sufrimiento se sienten carentes de fe y esperanza. Sus palabras nos recuerdan que a veces solo por medio del sufrimiento es que llegamos a conocer y comprender el toque sanador que Dios quiere concedernos. Cuando somos confrontados con nuestra mortalidad, Dios quiere liberarnos y mostrarnos que ni la enfermedad ni la muerte tienen el poder final.

Confío en que usted como lector encontrará consuelo en este libro, pero también un desafío a vivir más plenamente para Dios y más entregado a su voluntad. También espero que usted pensará en otros que podrían beneficiarse al leerlo. Solamente en Jesús existe ayuda real y perdurable. Él es el verdadero sanador, el único que no solo nos levantará para la vida eterna, sino que también restaurará todas las cosas. Solo él puede traer la abundancia de la vida interminable de Dios aquí en nuestras existencias terrenales.

Acudir a Jesús

◆ ◆ ◆

1

AQUÍ ESTÁN LAS
BUENAS NUEVAS

*Jesús recorría toda Galilea, enseñando en las sinagogas,
anunciando las buenas nuevas del reino, y sanando
toda enfermedad y dolencia entre la gente. Su fama se
extendió por toda Siria, y le llevaban todos los que pade-
cían de diversas enfermedades, los que sufrían de dolores
graves, los endemoniados, los epilépticos y los paralíticos,
y él los sanaba.*

Mateo 4:23–24

EXISTEN dos caras del evangelio de Jesucristo. Por
un lado hay un mensaje de perdón de pecados,
de vida eterna; pero, por el otro, también hay
un mensaje de oposición al sufrimiento humano. No
solamente se proclama el fin del pecado, sino también
el fin del sufrimiento y la muerte. ¡Todo sufrimiento
cesará! Así como el pecado se ha vencido por medio de

la sangre de Cristo, así también el sufrimiento llegará a su fin en la resurrección. Cuando Jesús realizó señales y maravillas, estaba proclamando el evangelio contra el sufrimiento.

Con este evangelio podemos estar seguros de que cesará la condición miserable de este mundo, así como tenemos la certeza de la vida eterna. No podemos separar los dos lados de Cristo. No debemos enfatizar parcialmente la cruz y el perdón, mientras pasamos por alto la resurrección y la superación de nuestro sufrimiento. Una artimaña de Satanás es probarnos y hacernos vacilar a fin de que el Salvador no reciba la atención plena y completa.

Ante el anhelo del mundo por la redención, es evidente que nunca podremos brindar un consuelo verdadero por medio del evangelio mientras hagamos énfasis solamente en una cosa —que el Salvador perdona nuestros pecados—, dejando que el mundo siga su propio curso. De igual manera, seremos incapaces de llevar un consuelo verdadero con el evangelio, si representamos al Salvador solamente como un obrador de milagros y proclamamos: «Sean consolados, ustedes pueden ser sanados por medio del Salvador». Entonces el arrepentimiento y el perdón serían olvidados por completo, y ningún cambio fundamental tendría lugar en las personas.

Jesús permitió que los enfermos vinieran a él, al igual que lo hizo con los pecadores. Estaba dispuesto a perdonar pecados y dispuesto a sanar. Hubo ocasiones cuando llegaron muy pocos pecadores, solamente gente enferma. Y Jesús les dio a todos la bienvenida. ¡Oh, que las naciones escuchen las buenas nuevas! ¡Que vengan los enfermos y se acerquen los pecadores, todos son bienvenidos!

Christoph Friedrich Blumhardt

2

JESÚS SE PREOCUPA POR TI

Salió Jesús de allí y llegó a orillas del mar de Galilea. Luego subió a la montaña y se sentó. Se le acercaron grandes multitudes que llevaban cojos, ciegos, lisiados, mudos y muchos enfermos más, y los pusieron a sus pies; y él los sanó. La gente se asombraba al ver a los mudos hablar, a los lisiados recobrar la salud, a los cojos andar y a los ciegos ver. Y alababan al Dios de Israel.

Mateo 15:29–31

GRANDES multitudes se acercaron a Jesús, llevaban a los cojos, lisiados, ciegos, mudos, y los ponían a sus pies, y él los sanaba. Las noticias de su presencia se difundieron rápidamente. Por cierto, si alguno de nosotros hubiera estado allí y hubiera escuchado de la oportunidad de ser liberado de su aflicción, ¿quién de nosotros no hubiera dado todo por venir ante Jesús?

Sin embargo, no siempre fue fácil para los enfermos llegar ante Jesús. Muchos dependían de la ayuda de otros. Esas personas deben de haber tenido mucha compasión y también haber hecho un esfuerzo considerable. ¿Cómo entonces el Salvador no podría recibirlos? ¿Les debería haber mostrado menos compasión solo porque podrían haber venido ante él por razones equivocadas?

La compasión solo ve la necesidad de los demás; omite toda crítica y todo juicio. Jesús nunca les dio primero un sermón a los enfermos, ni primero examinó su condición interior; nunca les preguntó qué pecados habían cometido para merecer esa enfermedad. Esto no solo hubiera sido cruel, sino que hubiera lastimado aún más a los enfermos.

¿Por qué entonces somos tan rápidos para juzgar a los enfermos, examinándolos para averiguar si tienen suficiente remordimiento o son dignos de que oremos por ellos? Jesús dijo: «al que a mí viene, no lo rechazo». Por esta razón, siempre está mal pensar que la enfermedad es «una bendición disfrazada». ¿Qué es más benéfico para nosotros: la enfermedad o la salud? El Salvador ciertamente no piensa que los enfermos estaban mejor que los sanos, de lo contrario no los hubiera sanado, ni hubiera ordenado a sus discípulos sanar a los enfermos.

Sí, Dios sabe por qué algunos tienen que sufrir, sin duda él elige lo que es mejor para ellos. Pero el Salvador recibe con profunda compasión a cada uno que viene a él, y rápidamente los ciegos ven, los mudos hablan, y los cojos reciben pleno uso de sus extremidades. Recordemos esto. Todos los que vinieron y todos los que trajeron a los enfermos y lisiados ante Jesús, tuvieron bastante fe y esperanza. Mucho más de la que tenemos nosotros. Y en su misericordia infinita Jesús los sanó a todos.

Johann Christoph Blumhardt

3

TODOS SON BIENVENIDOS

Y el poder del Señor estaba con él para sanar a los enfermos.

Lucas 5:17

DONDEQUIERA que Jesús se quedaba o caminaba, un poder fluía de él, para sanar y vivificar el alma y el cuerpo. Cualquiera que se le acercaba con un corazón confiado recibía ayuda. El Señor del cielo, el Dios de Israel, el poder de este Dios fluía en Jesús y obraba sanación. ¡Qué maravilloso que el Hijo de Dios haya aparecido así!

Difícilmente se puede comprender que Dios se haya acercado tanto a nosotros con semejante bondad. ¡Cuán evidente era que todo estaba corrompido! ¡Cuánta falta de temor de Dios había en la tierra! ¡Cuán hipócrita era la piedad de los que fingían ser devotos! Incluso hicieron del templo una «guarida de ladrones», lo convirtieron en un mercado.

Sin embargo, él vino. ¿Y cómo era? Vino no como alguien que juzga sino como alguien lleno de bondad, calidez, misericordia y amor. Nadie tuvo que temerle. A todos se les permitió acercarse, todos los quebrantados podían tener esperanza, incluso los pecadores y recaudadores de impuestos. Todos podían acercarse. Y todos los que vinieron fueron sanados y satisfechos. Todos pudieron regocijarse de que el embajador de Dios en persona los hubiera visitado.

Debido a que el Señor fue tan bondadoso y bueno con todo el que se le acercaba, demostró que realmente venía de Dios. ¿Quién podría ser más grande? ¿Puede haber algo más maravilloso que saber que este hombre de Nazaret provenía de Dios? ¿Puede alguien más satisfacer nuestra necesidad más profunda? ¿Podemos imaginar a alguien que venga del cielo más grande, más majestuoso y más glorioso que él? Verdaderamente, él es el único. «Y hemos contemplado su gloria, la gloria que corresponde al Hijo unigénito del Padre, lleno de gracia y de verdad» (Juan 1:14).

Jesús sigue siendo el mismo Salvador hoy en día. Así que hay esperanza para todos, nadie debe desesperarse ni dudar de su paciencia y amor. Sin importar quién seas, puedes venir. ¡Pero debes acercarte! Acércate anhelando misericordia y gracia. Entonces recibirás su bondad en abundancia. Incluso en estos tiempos difíciles puedes experimentar su misericordia, y cuando sea el momento oportuno: «Él les enjugará toda lágrima de los ojos. Ya no habrá muerte, ni llanto, ni lamento ni dolor, porque las primeras cosas han dejado de existir» (Apocalipsis 21:4). ¡Alábalo por esa esperanza inconmensurable!

Johann Christoph Blumhardt

4

ACÉRCATE TAL
COMO ERES

Subió Jesús a una barca, cruzó al otro lado y llegó a su propio pueblo. Unos hombres le llevaron un paralítico, acostado en una camilla. Al ver Jesús la fe de ellos, le dijo al paralítico:

—¡Ánimo, hijo; tus pecados quedan perdonados!

Algunos de los maestros de la ley murmuraron entre ellos: «¡Este hombre blasfema!»

Como Jesús conocía sus pensamientos, les dijo:

—¿Por qué dan lugar a tan malos pensamientos? ¿Qué es más fácil, decir: "Tus pecados quedan perdonados", o decir: "Levántate y anda"? Pues para que sepan que el Hijo del hombre tiene autoridad en la tierra para perdonar pecados —se dirigió entonces al paralítico—: Levántate, toma tu camilla y vete a tu casa.

Y el hombre se levantó y se fue a su casa. Al ver esto, la multitud se llenó de temor, y glorificó a Dios por haber dado tal autoridad a los mortales.

Mateo 9:1–8

LA historia del paralítico debe recordarnos nuestra propia condición, porque todos somos personas quebrantadas. Aun cuando no estemos lisiados físicamente, todo nuestro ser está quebrantado por el pecado. Los poderes corruptos de la descomposición carcomen nuestras almas y consumen poco a poco nuestros cuerpos, sea abiertamente o en secreto, nos demos cuenta o no. Nuestros espíritus son arrastrados al cautiverio de las actividades carnales. Muchos de nosotros apenas podemos mantener a flote nuestras cabezas. Hemos desperdiciado nuestras vidas o nos hemos insensibilizado a todo lo de naturaleza superior. Las cosas divinas nos evaden, y las cosas de valor eterno escapan de nosotros.

Nos conviene no esperar hasta que el poder de la muerte y la corrupción tengan un impacto en nosotros, como fue el caso del hombre paralítico. Jesús vino para hacer posible que cada uno de nosotros reconozca nuestra condición miserable, de modo que al reconocerla podamos ser sanados. Pero no debemos ocultar el hecho de que estamos sufriendo de una manera o de otra. Que todos estamos sufriendo resulta evidente en el hecho de que acudimos corriendo cuando llega la ayuda real, o incluso la ayuda imaginaria, o aun cuando cualquier tipo de ayuda parece estar en camino. En cualquier lugar, tan pronto como se construye un centro para enfermos o discapacitados la gente llega en multitudes. Pero toda esta ayuda humana palidece en comparación al poder que tenía Jesús. Cuando tocaba a las personas, se derramaban poderes vivificadores.

Y ahora, mis amados, dejen que Jesús obre. Permítanle usar su aflicción para guiarlos hacia la luz. No ocultes lo que te aflige. Por cierto, a través de Jesús podemos buscar más a fondo y preguntarnos qué es lo que nos aflige realmente en lo más íntimo de nuestro ser. Por medio de Cristo, podemos volvernos a la luz como seres humanos pobres, débiles y quebrantados, lisiados una y otra vez, interna y externamente.

No trates de ocultar tu necesidad, ni la ignores con buena cara. Aun cuando sea toda una hazaña, no te ayudará ni traerá alabanza a Dios. Más bien debemos ser como el hombre paralítico y mostrarnos como somos realmente. No finjamos que somos fuertes, sino más bien reconozcamos nuestro sufrimiento y pongámoslo al descubierto delante de Dios. El Salvador quiere revelar todo lo malo en nosotros, para que podamos ser sanados. Solo entonces los que nos rodean podrán, como los que rodeaban al paralítico, ser llenos de asombro y alabanza a Dios.

◆　　◆　　◆

El hombre paralítico llegó ante la presencia de Cristo. Nosotros podemos hacer lo mismo, ya sea que lleguemos por nuestros propios pies, arrastrándonos hacia él y acercándonos hasta él, o que otros nos hagan este servicio de amor y nos lleven ante él, quizá sin que realmente lo queramos. Cientos de poderes están en operación cuando aparece el Salvador. Lo que está mal se pone al descubierto y se revela ante los ojos de Dios.

Que bendición es estar ante la mirada de Cristo, incluso ante la mirada de su juicio. Así fue como el paralítico estuvo delante del Señor. Temblaba y se sacudía, pero su temblor y sacudimiento fue más genuino que si él se hubiera quedado postrado en cama con orgullo, dejando que le cuidaran y engañando a todos sus amigos con su enfermedad, como si fuera el único que mereciera lástima y no tuviera nada que confesar.

Cuando Jesús entra en escena, la verdad debe salir. No debemos demandar la compasión humana todo el tiempo. Además, al final, no podemos ocultar nada; la mirada de Cristo ve a través de nosotros y discierne nuestro ser más profundo, todo lo que todavía es oscuro y pecaminoso.

Jesús nunca es blando con el pecado. No, todo lo contrario. Habla con palabras severas y corta de tajo su raíz. Separa el trigo de la paja, juzgando los sentimientos y pensamientos del corazón. Su gracia destroza nuestra naturaleza carnal, donde no se permite ocultar nuestra vergüenza debajo de la capa. Dios revela su amor, pero solamente cuando venimos bajo el fuego ardiente del Salvador. No debemos temer esto, porque la justicia de Dios es una justicia que todo lo hace bien.

Incluso si sentimos que somos pobres y miserables, no todo está perdido. Si somos honestos, no hay nada a que podamos aferrarnos. Aun si esto o aquello fue bueno y justo, admitamos que todavía no era puro. Lo que más necesitamos es comenzar completamente de nuevo y venir, quebrantados y necesitados, ante la presencia de Jesús como juez. No tenemos nada de qué presumir hasta que él pueda vivir por completo en nosotros. Solo entonces podemos ser sanados.

Christoph Friedrich Blumhardt

5

JESÚS LLEVA NUESTRAS CARGAS

*Al atardecer, le llevaron muchos endemoniados, y con
una sola palabra expulsó a los espíritus, y sanó a todos los
enfermos. Esto sucedió para que se cumpliera lo dicho por
el profeta Isaías: «Él cargó con nuestras enfermedades y
soportó nuestros dolores».*

Mateo 8:16–17

L A dimensión de la necesidad y sufrimiento en
el mundo, tanto en tiempos de Jesús como en
los nuestros, difícilmente se puede exagerar.
El Salvador no solamente sanó toda clase de enfermedades, sino también liberó a los endemoniados. Hubo
personas que llegaron ante él, estaban fuera de control
y habían causado enorme sufrimiento a sus familiares,
pues un espíritu extraño dentro de ellos los ponía
furiosos, violentos, gritones e incontrolables.

Si ese fue el caso en aquel entonces, solo pensemos en cuántos llamados enfermos mentales y dementes existen en la actualidad. Sin embargo, casi nadie se atreve a llamarlos endemoniados. Aun así, uno no puede dejar de pensar en el tiempo de Jesús, cuando muchos endemoniados llegaron ante él. Actualmente existen miles de personas entre nosotros que están enfermos de la misma manera.

Sin embargo, leemos cómo Jesús tenía autoridad sobre los espíritus que oprimían a las personas. Los expulsó con su palabra. Todo esto —Mateo cita a Isaías—, fue para cumplir lo dicho por el profeta: «Él cargó con nuestras enfermedades y soportó nuestros dolores».

El pasaje en Isaías dice literalmente: «él estaba cargado con nuestros sufrimientos, estaba soportando nuestros propios dolores» (Isaías 53:4 DHH). Isaías habla más de una liberación del pecado, que de la enfermedad y las dolencias, sin embargo es significativo que Mateo hable también de enfermedad, que el Siervo del Señor quiera llevar *todas* nuestras aflicciones. Jesús quitó dolencias y males y de esta forma cargó con nuestras enfermedades. Es como si Jesús hubiera hecho suyos los padecimientos de los enfermos, representando a los enfermos ante el Padre, quien le había dado el poder para sanar.

Algo similar sucede cuando intercedemos unos por otros, llevamos la enfermedad de los demás en nosotros como si estuviéramos orando por nosotros mismos. La intercesión ante Dios es genuina solo cuando la sentimos muy profundamente unos por otros y compartimos el dolor del otro; es decir, cuando tenemos verdadera compasión.

Nuestra vocación es representar a Jesús, que estaba lleno de misericordia. Todo lo que hagamos debe hacerse en su nombre y por su Espíritu. «Ayúdense unos a otros a llevar sus cargas, y así cumplirán la ley de Cristo» (Gálatas 6:2). Pero debemos estar en guardia, cualquier cosa que hagamos en nuestras propias fuerzas, incluida la intercesión, no tiene ningún valor.

Ah, que llegue el momento en que tengamos plenamente lo que Jesús ha prometido y sellado con su sangre: el poder de Dios para la salvación que sana todas las heridas, incluyendo las del cuerpo. Esto se promete a todos los que lo buscan.

Johann Christoph Blumhardt

6

JESÚS QUIERE SANAR

Cuando Jesús bajó de la ladera de la montaña, lo siguieron grandes multitudes. Un hombre que tenía lepra se le acercó y se arrodilló delante de él.

—Señor, si quieres, puedes limpiarme —le dijo.

Jesús extendió la mano y tocó al hombre.

—Sí quiero —le dijo—. ¡Queda limpio!

Y al instante quedó sano de la lepra.

Mateo 8:1–3

UN leproso viene ante Jesús con gran confianza en que puede ayudarlo, aunque la lepra era, en aquel tiempo, la enfermedad más incurable del mundo. Esto realmente implicaba hacer algo, demandaba mucho. Toda la sabiduría humana queda por debajo de la sencillez de un hombre tan desdichado. Este pobre hombre, atormentado y terriblemente desfigurado, conocía la grandeza y el poder de Dios. Cualquiera que piensa de Dios de esta manera se ha acercado bastante a él. Deberíamos estar llenos de una santa reverencia al ver a uno de los más desdichados entre los hombres presentarse ante su Dios con semejante confianza.

«Puedes hacerlo, si estás dispuesto», dijo este hombre. No es posible que Cristo carezca de poder, pensaba el hombre. No podía carecer de poder ya que venía de Dios. Ahora todo dependía de si él quería usarlo. «Si quieres», significa «Si tienes piedad, si tienes un corazón compasivo, y deberías tener compasión. Tú puedes hacerlo, si tú quieres. ¿Qué más se necesita para que me ayudes?». Una manera de pensar tan noble no puede quedar en la nada.

«Sí quiero —dijo el Señor—. ¡Queda limpio!» Ahora vean, ¿dónde se ha ido la lepra? Ya no está ahí, ha desaparecido. Cuando un hombre como este leproso tiene un corazón tan sencillo, Dios interviene. Quiere revelarse a sí mismo para que todos puedan confiar en su grandeza y poder.

Debemos creer que el Señor puede hacer cualquier cosa si así lo quiere. Pero en el jardín de Getsemaní, el Señor oró: «no se cumpla mi voluntad, sino la tuya». Aunque Jesús sabía que tenía que beber la copa de sufrimiento, sin embargo oró para ser librado. Y entonces el ángel lo fortaleció. De igual manera, si oramos fervientemente, puede ser que un ángel nos fortalezca en silencio para que soportemos todo lo que tengamos que enfrentar. Y, como sucede con frecuencia, el Señor puede incluso proveer más de lo que necesitamos, más allá de nuestras expectativas.

Si oramos sin cesar, con una fe sencilla como la de un niño, y si es la voluntad de Dios, el Señor nos permitirá ver su gloria revelada en obras y milagros. «Si quieres, puedes hacerlo» es la oración de todos los que le temen. Y, en su gran sabiduría, el Señor les dirá: «Sí quiero, estoy dispuesto».

Johann Christoph Blumhardt

7

TODAVÍA ESTÁ
OBRANDO

Me refiero a Jesús de Nazaret: cómo lo ungió Dios con el
Espíritu Santo y con poder, y cómo anduvo haciendo el
bien y sanando a todos los que estaban oprimidos por el
diablo, porque Dios estaba con él.

Hechos 10:38

JESÚS no usó ni requirió ninguna formalidad
cuando las personas acudían a él buscando
ayuda. Con una palabra la ayuda estaba disponible. Tampoco se retiró en algún lugar, en una forma
superior y poderosa, y esperó a que la gente llegara y
pidiera ayuda. Anduvo y llegó a todos los que estaban
desconsolados y en desgracia, a todos los que sufrían
en cuerpo y alma, y los llamó: «Vengan a mí todos
ustedes que están cansados y agobiados, y yo les daré
descanso» (Mateo 11:28). Se ofreció a sí mismo como el
Salvador para ayudar a los que nadie más ayudaría.

¿Ha cambiado algo? ¡Por supuesto que no! Jesús viajó de lugar en lugar haciendo el bien y sanando, precisamente para que todas las generaciones posteriores pudieran confiar en él, y para que todos los que son desdichados y afligidos siempre puedan saber a quién acudir por ayuda. Jesús todavía hace cosas maravillosas, anda «haciendo el bien y sanando», aunque sea de una forma más discreta. Se acerca a cualquiera en necesidad y sufrimiento a fin de que nosotros, también, podamos experimentar de primera mano que él es el único que sabe cómo ayudarnos. Jesús todavía hoy hace el bien y sana. La pregunta para nosotros es: ¿Acudiremos a él?

Johann Christoph Blumhardt

8

NO ESTÁS SOLO

Porque no tenemos un sumo sacerdote incapaz de compadecerse de nuestras debilidades, sino uno que ha sido tentado en todo de la misma manera que nosotros, aunque sin pecado. Así que acerquémonos confiadamente al trono de la gracia para recibir misericordia y hallar la gracia que nos ayude en el momento que más la necesitemos.

Hebreos 4:15–16

HAY momentos en que la vida se vuelve tan difícil que te sientes incapaz de orar, incluso tal vez sientas que ya no tienes fe. Parece como si el Salvador estuviera lejos de ti y que ya no le pertenecieras, o que para empezar nunca estuviste en el buen camino. Es como si estuvieras en el infierno, presa del temor y de la sensación de estar perdido. Incluso quizá desearías nunca haber nacido. El dolor es demasiado grande, el futuro demasiado desesperanzador.

¡Cuánto me encantaría guiarte de tal manera que todas las tinieblas fueran arrancadas de tu alma! Pero tal agonía no puede desaparecer de un solo golpe. Para eso, tenemos que esperar por un tiempo de gracia. Sin embargo, aun ahora el Salvador puede darte mucho, pero solamente si permaneces tranquilo y pones tu esperanza en él. Si permaneces sencillo como un niño respecto a tu condición, no pensarás que todo está perdido, aunque escuches voces discordantes dentro de ti. El Salvador está ahí para consolarte. Y si no puedes permanecer tranquilo, no te preocupes. El daño no es irreparable, la incapacidad no es un pecado. El Salvador te ama, aunque solo puedas suspirar.

Recuerda, Jesús vino en la carne, en tu misma condición, para que puedas saber que Dios no es indiferente a tu sufrimiento. Suspiras y lloras, sufres y te lamentas ante el Salvador. Todo eso está bien, mientras lo hagas con la actitud correcta. El Salvador no dijo: «Dichosos aquellos cuya causa es justa», *sino* dijo: «Dichosos los pobres en espíritu ... Dichosos los que lloran» (Mateo 5:3–4). ¡Créelo!

Si no puedes sentir al Salvador, entonces debes creer todavía más en él. Aquellos para quienes el amor de Dios está más cerca son precisamente los que no ven y sin embargo creen (Juan 20:29). Lo mismo es verdad de aquellos que no sienten y sin embargo creen. El enemigo con frecuencia causa estragos en nuestros sentimientos, pero no puede tocar tu fe. El diablo no puede poseer tu fe, a menos que te des por vencido.

A veces sentirás que no tienes fe, pero en lo profundo todavía crees. Cree entonces en tu fe. Las cosas van a mejorar. Cristo está ahí, aunque esté algo oculto. Ni siquiera tengas temor del infierno, él también está ahí. Todo el que suspira y anhela no se perderá. Es por nuestra causa que Dios revela su gloria. Recuerda, el Salvador intercede en nuestro favor (Romanos 8:34) y no puede sino intervenir con su ayuda si tienes un anhelo en tu corazón.

Johann Christoph Blumhardt

9

JESÚS LUCHA POR NOSOTROS

Allí le llevaron un sordo tartamudo, y le suplicaban que pusiera la mano sobre él.

Jesús lo apartó de la multitud para estar a solas con él, le puso los dedos en los oídos y le tocó la lengua con saliva. Luego, mirando al cielo, suspiró profundamente y le dijo: «¡Efatá!» (que significa: ¡Ábrete!). Con esto, se le abrieron los oídos al hombre, se le destrabó la lengua y comenzó a hablar normalmente.

Marcos 7:32–35

EL Salvador está en nuestro medio como uno que lucha por nosotros. Suspira y mira al Padre en el cielo, luego clama en voz alta: «¡*Efatá*! ¡Ábrete!». Tal vez este hombre que vino ante Jesús era tímido en cuanto a venir ante él. Seguramente habría estado ansioso cuando el Salvador lo llevó aparte y lo tocó, sin entender realmente por qué Jesús hizo esto. Pero luego, de repente, con ese «¡*Efatá*!» se le abrieron los oídos y pudo exclamar: «¡Las noticias son ciertas, Jesús es el Señor que puede poner fin al pecado y al sufrimiento. Lo he experimentado. Alabanzas y gracias sean a Dios!».

Amado, este «¡*Efatá*!» debe ser la conclusión de la historia de nuestro mundo. El Salvador está incluso ahora obrando activamente, convirtiendo el evangelio que escuchamos en hechos. Pero el Salvador también debe acercarse personalmente, en secreto, y en secreto debe orar por nosotros delante del trono de su Padre. Y finalmente llegará el gran «¡*Efatá*!» y sacudirá a todo el mundo.

Por el momento todo está oculto. Cuanto más grandes son las victorias de Jesús, más se llevan cabo en secreto. La manera en que el Salvador apartó a este hombre es un ejemplo de cómo la humanidad entera será apartada por el Salvador. Secretamente, pero con profunda pasión, Jesús llevará a la humanidad delante del trono de su Padre.

Así que nosotros, que somos el pueblo sacerdotal de Dios, debemos poner a los enfermos a sus pies. Debemos clamar ante él: «Amado Salvador, *tú* eres el Señor. No podemos soportar que tanta gente siga dioses falsos, porque sabemos que solo tú eres el Señor. Así que aquí estamos. No te dejaremos en paz, porque has venido a representarnos delante del Padre celestial para ayudarnos». Así es como debemos implorarle, pues es nuestra misión como iglesia.

Oh, amados míos, a menudo estoy muy triste cuando veo tantos cristianos que ya no llevan gente al Salvador por causa de sus pecados y su sufrimiento. No debemos permitir que las puertas del cielo se cierren entre los pecadores y el Salvador. Las puertas deben permanecer abiertas para todos los que sufren, para todas las personas enfermas. Si no fuera por esto, no sé si podría creer en el evangelio.

Que esto se establezca firmemente dentro de nosotros; entonces ayudaremos a la venida del «¡*Efatá*!». Cuanto mayor sea nuestra estima por el que fue crucificado y resucitó de la muerte, mayor será el «¡*Efatá*!» en los últimos días, como cuando Dios dijo en el principio: «¡Que exista la luz!». Sí, un día escucharemos: «¡*Efatá*! ¡Ábrete!».

Christoph Friedrich Blumhardt

Confiar en Jesús

✦　✦　✦

10

EL MOMENTO
DE RENDIRSE

Abel se dedicó a pastorear ovejas, mientras que Caín se dedicó a trabajar la tierra. Tiempo después, Caín presentó al Señor una ofrenda del fruto de la tierra. Abel también presentó al Señor lo mejor de su rebaño, es decir, los primogénitos con su grasa. Y el Señor miró con agrado a Abel y a su ofrenda, pero no miró así a Caín ni a su ofrenda. Por eso Caín se enfureció y andaba cabizbajo.

Génesis 4:2–5

CUANDO oramos debemos hacer un sacrificio; primero tenemos que entregar algo. Esa es la diferencia entre Abel y Caín. Con su ofrenda Abel se dio a sí mismo y todo lo que tenía, las porciones de grasa. Sin embargo, Caín retuvo algo para sí mismo y esperaba algo por su ofrenda. Hay una gran diferencia entre los dos.

Podemos hacer una ofrenda con egoísmo, o podemos hacer una ofrenda con verdadera entrega. También podemos orar en forma egoísta, o podemos orar con verdadera rendición. Algunas personas oran pensando solo en sí mismas, deseando secretamente conseguir de Dios tanto como puedan. Otros, sin embargo, ni siquiera piensan en sí mismos y solo desean que Dios tome posesión de ellos. De nuevo, existe una gran, pero gran diferencia.

Hay momentos en que la vida escapa a nuestro control y el temor nos domina. Como Caín, nos estremecemos, oramos y hacemos ofrendas a Dios. Pero solo lo hacemos para recibir ayuda inmediata para nosotros mismos y librarnos del temor. Nos humillamos un poquito y clamamos: «¡Dios mío, ayúdame!». Pero después seguimos siendo la misma persona de siempre, viviendo la vida como de costumbre. Una vez más tenemos nuestra casa, nuestra salud, nuestro dinero y posesiones, y podemos buscar nuestro bienestar por nosotros mismos. Quizá todavía oramos de vez en cuando, dando gracias: «Dios es bueno, sin él las cosas no me saldrían tan bien». Pero en todo momento estamos llenos de egoísmo.

Cuando oramos, lo *que* se ofrece o sacrifica no es tan importante. La gente en el Antiguo Testamento podía ofrecer un palomino o un buey; resultaba lo mismo. A Dios no le importaba lo mucho o lo poco que se le ofrecía. Lo que importaba era si se traía con egoísmo o con disposición. Y sigue siendo importante hoy si oramos con egoísmo o con verdadera rendición.

Tengamos cuidado. Dios no quiere nuestras oraciones y ofrendas si surgen solamente del interés propio. Si no tenemos pasión por Dios y por su reino en la tierra, nuestra religión es como una capa de yeso superficial que se volverá a caer. De nada sirve que oremos por nuestros pequeños problemas, no hace nada por Dios; sino que mata la oración verdadera, como Caín mató a Abel. Recibamos la advertencia. Todo depende de si nos rendimos por completo a Dios. Así que ofrece todo tu ser a Dios, pues es el único sacrificio que importa.

Christoph Friedrich Blumhardt

11

LA VOLUNTAD DE DIOS ES LO MEJOR

Ahora escuchen esto, ustedes que dicen: «Hoy o mañana iremos a tal o cual ciudad, pasaremos allí un año, haremos negocios y ganaremos dinero.» ¡Y eso que ni siquiera saben qué sucederá mañana! ¿Qué es su vida? Ustedes son como la niebla, que aparece por un momento y luego se desvanece. Más bien, debieran decir: «Si el Señor quiere, viviremos y haremos esto o aquello.» Pero ahora se jactan en sus fanfarronerías. Toda esta jactancia es mala. Así que comete pecado todo el que sabe hacer el bien y no lo hace.

Santiago 4:13-17

N o debemos decirle a Dios qué hacer. Mucho menos debemos persistir en orar hasta que el Señor finalmente nos escuche. Tal «fe» es resistencia o incluso un acto de desafío al Señor. Aunque incluyamos las palabras «si es la voluntad del Señor» en nuestras oraciones, es una farsa. Si somos honestos, con frecuencia incluimos esas palabras solo porque sabemos que se supone lo hagamos. Pero en realidad no queremos que se cumpla la voluntad de Dios.

Cuando oramos que se haga la voluntad de Dios, debemos estar interna e incondicionalmente dispuestos a aceptar su voluntad. No está bien pedir constante y expresamente que nuestra salud, o la salud de alguien más, sea restaurada, en especial cuando las condiciones parecen empeorar cada vez más. Orar sin cesar no le sirve a nadie, sobre todo a nosotros o a otros que están enfermos. Solo incrementa nuestra tensión e inquietud, y entorpece nuestra vida espiritual.

Esto no significa que debemos darnos por vencidos. A veces Dios permite que las condiciones empeoren (él sabe por qué) antes de que finalmente nos brinde ayuda. Lo que quiero decir es que debemos volvernos más apacibles y resignados en nuestras oraciones por la sanación y la salud. La voluntad de Dios es lo que importa. Y la verdadera resignación y sumisión a la voluntad de Dios pone todo en sus manos, para que su ayuda, cuando llegue y como venga, pueda venir en los términos de Dios, no en los nuestros.

También es mejor no hablar demasiado de morir o

no morir. Cada una de nuestras vidas es una niebla. Aquí debemos volvernos aún más tranquilos y esperar en silencio por lo que el Señor tenga en mente. Si la muerte llama a la puerta, debemos preparar nuestros corazones para la vida o la muerte (Filipenses 1:20–26). Si alguien que conoces está enfrentando una situación similar, ayúdale a resignarse y aceptar lo que Dios tenga en mente. De todos modos, ninguno de nosotros sabe lo que el mañana traerá. Debemos preparar nuestros corazones, entonces todo estará bien. Dios imparte su gracia a los humildes, y de hecho aquellos que son más humildes y hacen la voluntad de Dios recibirán abundante gracia.

Johann Christoph Blumhardt

12

POR QUÉ DIOS ESPERA

Por eso el Señor los espera, para tenerles piedad; por eso se levanta para mostrarles compasión. Porque el Señor es un Dios de justicia. ¡Dichosos todos los que en él esperan!

Isaías 30:18

A VECES parece como si Dios ya no se preocupara por nosotros, como si hubiera olvidado a su pueblo. Esto fue lo que pensaron y dijeron los antiguos israelitas. Por mucho que clamaban por gracia, ninguna ayuda parecía llegar, y su peor destino era inminente.

Pero el profeta Isaías le dice a Israel que Dios no solo no ha dejado de tener gracia, sino que anhela ser misericordioso con ellos. Por mucho que eran impacientes por su gracia, él estaba impaciente (por así decirlo) de ser clemente, en realidad anhelaba ser misericordioso. Dios no fue indiferente hacia ellos, para él fue doloroso tener que esperar hasta que pudiera volver a revelarles su gracia.

¿Qué significa esto? Si Dios está esperando para ser misericordioso, debe existir una razón por la que está esperando, y la razón debe residir en nosotros. Ve algo en nosotros, algo que no está bien, algo que impide su gracia. Así que tiene que esperar hasta que sea quitado ese impedimento. Los israelitas de inmediato buscaron falsa ayuda en otros lugares: en las naciones vecinas o en otros dioses. ¿Cómo entonces podría Dios tener gracia y ayudarlos? Pero Dios seguía deseando mostrarles misericordia.

En nuestra intranquilidad también probamos miles de cosas, sin comprender que al hacerlo nos apartamos cada vez más de Dios. Pero Dios desea bendecirnos, quiere tener todo nuestro corazón y nuestra total atención, para que pueda darnos su gracia. Pero cuando no se lo damos, tiene que esperar, y también nosotros, tenemos que esperar pero en sufrimiento.

¡Ojalá que ya no hagamos esperar al Señor, para que pueda traer su gran ayuda que tanto necesitamos con urgencia! Él está dispuesto y quiere ser misericordioso con nosotros.

¡Oh Señor, muéstranos tu misericordia! ¡Quita todo lo que estorbe tu gracia y te impida ser misericordioso con nosotros! Amén.

Johann Christoph Blumhardt

13

TU CORAZÓN ESTÁ
SEGURO EN ÉL

Dame, hijo mío, tu corazón y no pierdas de vista mis caminos.

Proverbios 23:26

En el fondo, ¿qué quiere el Señor de nosotros?: nuestros corazones. Actuar o vivir un poco decentemente aquí y allá, sentirnos bien con nuestras virtudes y logros, andar por la vida siendo admirados, nada de esto es lo que el Señor quiere. Dios quiere tu corazón, te quiere a ti, a tu ser verdadero. Lo que importa en definitiva es que lo ames a él, que es misericordioso, y que él tenga todo tu corazón.

El corazón que se esfuerza por el bien busca a Dios. Tal corazón se hace feliz por el milagro de su gracia. La gracia de Dios siempre se concede al corazón que lo busca, y cuando llega el auxilio, tu corazón será inundado con más amor, y te sentirás liberado de todo lo que te ata y te impide ser auténtico. Serás verdaderamente gozoso, podrás dar o retener libremente todo lo que pida el Espíritu. Ya no sentirás la necesidad de compararte a nada ni a nadie, porque tu amor por Dios, a quien perteneces, te hará mantenerte firme. Tu corazón latirá por lo que agrada a Dios, y se dolerá por todo lo que se haga contra él.

Feliz y seguro es aquel que ha dado todo su corazón a Dios. Qué simple es esto si solo miramos a Jesús, el Hijo de Dios y nuestro hermano, cuyo corazón puro se extiende hacia nosotros.

Si no das tu corazón a Jesús, eventualmente quedarás desconcertado con lo que la vida te da, especialmente cuando las cosas andan mal o cuando tengas que sufrir. No podrás discernir hacia dónde Dios te está guiando. Y serás tentado a murmurar, quejarte y amargarte. No solo verás las cosas desde una perspectiva humana, sino que te arriesgarás a caer en la duda y la incredulidad. Toda tu bondad, todo tu esfuerzo espiritual, quedará en la nada.

Dios quiere que te regocijes en su voluntad, así que acéptala con humildad y agradecimiento. Cuando posea tu corazón, te guiará, no por las circunstancias ni por eventos convulsos que te presionan, sino por su Palabra. Sabrás cómo aceptar lo que Dios te envía, porque habrás dejado de tener una voluntad independiente y de actuar por tu cuenta.

Aprende a darle de nuevo a Dios tu amor y tu corazón cada día, para que sus caminos, aunque sean duros, no parezcan extraños ni desagradables. Rinde tu corazón y deleita tus ojos en sus caminos, sin importar lo que pueda o no pueda sucederte.

Johann Christoph Blumhardt

14

ELIGE LA LIBERTAD

Ya que han resucitado con Cristo, busquen las cosas de arriba, donde está Cristo sentado a la derecha de Dios.

Colosenses 3:1

CUANDO estés abrumado por problemas, aprende a liberar tu corazón. Aunque estés sufriendo la enfermedad más terrible, cuando ya no la puedes soportar, a pesar de que pases el día entero orando y suspirando, libera tu corazón. Saca la enfermedad de tu corazón. Pon tu corazón en las cosas de arriba y verás que Dios reina en tu corazón. Puedes sobrellevar tu enfermedad a cuestas si lo quieres, pero no la tienes que cargar en el corazón. Te digo que liberes tu corazón. Echa fuera el sufrimiento de tu corazón y toma tu cruz.

No nos dejemos impresionar por la enfermedad. Porque, después de todo ¿qué es la enfermedad? Si vivimos en una atmósfera de vida, la enfermedad se desvanece como una neblina. Lo experimentamos, una y otra vez, y también los médicos. Nuestras neblinas mortales no son tan densas como parecen a primera vista. Se disipan; en algún momento están allí, luego desaparecen, y nadie puede decir de dónde vinieron ni adónde se fueron.

Así que libera tu corazón. Deja que tu cabeza se preocupe de las pequeñeces, si así lo quieres, pero Dios el Salvador debe estar en tu *corazón*. No te dejes acosar por las insignificancias de que ya no sirves para nada. Montones de personas están paralizadas porque permiten que infinidad de cosas pequeñas, especialmente sus dolores y malestares, entren en sus corazones.

Mantente libre para que incluso en el sufrimiento más profundo, en las circunstancias más infelices, en resumen, en todas las situaciones, puedas servir gozosamente a Cristo. No dejes que nada confunda tu corazón, y mucho menos que te confundan pensamientos y preocupaciones sobre ti mismo. Más bien, sacrifícate a ti mismo de nuevo a Dios en oración y acción de gracias. De esta manera le darás a Dios la gloria en la tierra, y él te elevará por encima de todo lo que te oprime.

Christoph Friedrich Blumhardt

15

TOMA TU CRUZ

Si alguien quiere ser mi discípulo, que se niegue a sí mismo, lleve su cruz cada día y me siga.

Lucas 9:23

JESÚS vino a destruir todas las obras del diablo, y por eso somos llamados a luchar contra todo tipo de tinieblas, incluyendo la enfermedad. Pero, ¿qué implica esta lucha? No significa que automáticamente pidamos que Dios nos ayude en todas nuestras necesidades y enfermedades. Más bien, primero debemos dirigirnos a la muerte de Cristo y reconocer nuestra propia culpa por el pecado y el sufrimiento en el mundo, incluyendo la enfermedad en nuestros propios cuerpos.

Nuestra prioridad debe ser que Dios entre en nuestras vidas por derecho propio. En otras palabras, debemos hacer todo lo que podamos para luchar contra cualquier cosa que busca explotar la gracia y misericordia de Dios, cualquier cosa que convierta a Cristo, nuestro Salvador, en nuestro pequeño sirviente. Dios no está obligado al deber por nosotros. Somos nosotros los que tenemos que negarnos a nosotros mismos y tomar la cruz. Es a la gloria *de Dios* a la que debemos servir, y debemos estar preparados para renunciar a todo y volvernos pobres, para que solo Cristo sea exaltado.

Abandonemos cualquier actitud de importunidad ante Dios y en su lugar busquemos cómo hacer justicia para su causa. Pon tus propias necesidades a un lado y haz obras dignas de arrepentimiento, y hazlo con alegría, sin quejas ni lamentos. Permite que seas juzgado, cambia radicalmente tu vida interior, y deja de mirarte a ti mismo y a tus propias necesidades. Más bien, sacrifícate por el reino de Dios. Sé un celoso por él, y Dios no dejará que tu vida quede en vergüenza. Descubrirás que tu sufrimiento y angustia desaparecerán por sí solos.

Christoph Friedrich Blumhardt

16

LA AYUDA VIENE
EN CAMINO

Encomienda al Señor tus afanes, y él te sostendrá; no
permitirá que el justo caiga y quede abatido para siempre.

Salmo 55:22

NOSOTROS, que somos presionados por preocupaciones, temores y aflicciones, debemos
depositar «en él toda ansiedad». En otras palabras, debemos echarlas lejos, dejándoselas a él, para
que el Señor se ocupe de ellas.

Comprendo que no siempre es fácil dejarle todo
al Señor. Tratamos de hacerlo, pero nos quedamos
agobiados. Nuestras preocupaciones todavía nos pesan.
De cierto modo, no creemos ni confiamos lo suficiente,
y tampoco sabemos cómo descargarnos. Oramos,
pero luego actuamos como si no hubiéramos orado.
Decimos: «Señor, Señor, toma esta carga sobre ti»,
pero no dejamos de preocuparnos, y luego dudamos si

Dios ha escuchado nuestra súplica. Somos hijos inconstantes que todavía no nos aferramos a Aquel que no vemos como si lo hubiéramos visto.

Imagínate llevar una carga tan pesada que apenas te puedes mover bajo su peso. Por fin encuentras a alguien que te la quita. ¡Qué libre y ligero te sientes! Así es como debemos sentirnos cuando hemos rendido algo a Dios. Dios nos ayudará —esa es su promesa digna de confianza—, pero solo si como niños ponemos no únicamente nuestras preocupaciones sino a nosotros mismos a su cuidado. Él es fiel y no nos decepcionará. Aunque permita que nos descarriemos, aunque nos dirija por caminos indirectos, aunque las tinieblas se hagan más espesas a nuestro alrededor, él tiene cuidado de nosotros. Siempre nos guía hacia el propósito que tiene en mente para nosotros.

A veces la paz sencillamente nos elude por largo tiempo. Pero Dios no permitirá que quedemos sacudidos. La ayuda vendrá, y siempre viene a tiempo. Así que no temas. Permanece firme y fiel delante de Dios. De esta manera no te desesperarás ni desmayarás. El que persevera, al final, verá que la demora de Dios estaba en su favor.

Johann Christoph Blumhardt

17

JESÚS ESTÁ AHÍ, INCLUSO EN EL INFIERNO

Porque Cristo murió por los pecados una vez por todas, el justo por los injustos, a fin de llevarlos a ustedes a Dios. Él sufrió la muerte en su cuerpo, pero el Espíritu hizo que volviera a la vida. Por medio del Espíritu fue y predicó a los espíritus encarcelados... Por esto también se les predicó el evangelio aun a los muertos, para que, a pesar de haber sido juzgados según criterios humanos en lo que atañe al cuerpo, vivan conforme a Dios en lo que atañe al espíritu.

1 Pedro 3:18–19; 4:6

DESPUÉS de su muerte, Jesús descendió al infierno, porque incluso en el infierno debe tener gente que quiera escucharlo. En toda enfermedad, en todo tipo de tinieblas, también debe tener gente que quiera escucharlo. Así que no hay nada que no pueda sanarse, nada que no pueda liberarse, no tenemos ninguna razón para perder la esperanza.

Si permites que el Salvador entre en tu situación, sin importar lo difícil y preocupante que sea, entonces la redención se hará realidad en ti y por medio de ti. Es más importante orar: «Señor, tómame en tus manos, déjame estar bajo tu reinado», que vivir libre del sufrimiento. Quien tenga esta actitud puede desempeñar una verdadera función en el reino de Dios.

Tu sufrimiento no es en vano si solo tienes en tu mente el reino de Dios y estás dispuesto a compartir la carga de Jesús. Por tanto, abre el camino para que pueda entrar en tu ser, en tu sufrimiento, y sírvele ahí. Tendrás que estar involucrado por completo en la lucha, pero luego el Salvador vendrá. Tendrás que renunciar a todas las medias tintas y desechar lo que sea tu pseudo-dios, pseudoayuda, pseudoesperanza o pseudoalegría. Una esperanza, una fe, una alegría y un amor: ese es nuestro Padre del cielo, con quien queremos estar.

No asumas que puedes tomar una pequeña ramita de fe, otra de desesperación, una ramita de alegría y otra de tristeza, y ponerlas todas juntas en un hermoso ramo. Eso no tiene nada de sincero. Lo que Dios quiere es un «¡Aleluya!» de todo corazón. Debemos lanzarnos en cuerpo y alma, y dejar que nuestro sufrimiento sea para el honor y la gloria de Dios.

Recuerda, eres un hijo de Dios. Permanece fiel a lo que eres y a lo que te ha dado. Si te aferras a esta esperanza, entonces en medio de la máxima desgracia y oscuridad, incluso en la muerte, recibirás fortaleza, consuelo y la victoria final.

Christoph Friedrich Blumhardt

18

NUESTRA MEJOR AYUDA

Pero de una cosa estoy seguro: he de ver la bondad del Señor en esta tierra de los vivientes. Pon tu esperanza en el Señor; ten valor, cobra ánimo; ¡pon tu esperanza en el Señor!

Salmo 27:13–14

No conozco ningún pasaje de la Escritura que nos obligue a hacer todo lo que esté a nuestro alcance para prolongar la vida. Incluso si existiera un pasaje así, nos daría demasiado poder frente a Dios, quien después de todo es el único dueño de la vida y la muerte. Sería como si en cierto modo deberíamos forzar la vida por nuestro propio poder. Lo que la Escritura nos enseña es a ser pacientes y esperar por la ayuda del Señor.

Tratar de hacer todo lo posible para salvar y prolongar la vida casi parece una rebeldía. Además, ¿dónde debemos marcar el límite, si estamos obligados a extender siempre la vida? ¿Qué de los cobardes o desertores en una guerra? ¿Tendrían justificación de salvar sus propias vidas? Se requiere que los médicos arriesguen sus propias vidas y estén dispuestos a visitar personas incluso con las enfermedades más contagiosas. Estarían en un verdadero dilema si se les obliga a preservar sus propias vidas a toda costa. Seguramente hay algo en juego mucho más grande que salvar nuestro propio pellejo.

Por supuesto, no está mal consultar a los médicos; debemos dejarlos hacer su trabajo, incluso si la precaución lo justifica. Rechazar de plano a los médicos no solo muestra dureza desamorada hacia su profesión, sino revela una insistencia exagerada en la fe, que la fe tiene que lograrlo todo.

Lo que está mal es usar desesperadamente cualquier medio. Los que recurren con desesperación a cualquier medio están en riesgo de caer bajo la crítica que recayó en el rey Asa (2 Crónicas 16:12). Si vamos a usar la ayuda médica, entonces al menos debemos asegurarnos de que realmente será benéfica. Solo cuando tengamos esta seguridad, se justifica que hagamos nuestro máximo esfuerzo. Pero, intentarlo todo —especialmente si lo hacemos al azar— es casi un pecado.

Sabemos que la mayoría de los médicos siempre están dispuestos a dar consejos. Todos prometen resultados, aunque se contradigan entre sí. Y si se contradicen, ¿entonces qué se supone que vamos a hacer? De hecho, si nos detenemos por un momento y somos honestos, ¿qué tan confiables son los extravagantes tratamientos humanos a fin de cuentas? ¿De qué manera nuestra confianza en ellos refleja una actitud de devoción a Dios? No la considero fe y confianza. El Señor es el único médico verdadero, y aunque usemos medios permitidos por Dios, nunca deberíamos darles demasiada importancia, como si aportaran la ayuda determinante.

Estamos llamados a esperar en el Señor. De nuevo, esto no excluye hacer uso de las cosas buenas que Dios nos provee en su creación. Pero estamos tan acostumbrados a depender de esas cosas, que entonces no experimentamos la bondad del Señor. Debido a nuestra falta de fe, ya no vivimos en una época de milagros, como lo hicieron los apóstoles. *Siempre* debemos estar abiertos a lo que la fe pueda hacer. Pero, ¿cómo resulta posible si vamos hasta los confines de la tierra para encontrar una cura; si corremos de un doctor a otro; si consultamos especialistas que viven a cientos de kilómetros de distancia, incurriendo en gastos exorbitantes; si derrochamos todo tipo de recursos, tiempo y energía; si incluso en las últimas horas de la vida recurrimos a medidas extremas?

El Señor se retira cada vez más cuando tratamos de encontrar ayuda en nuestra propia fuerza. Pero, el que permanece humilde en el lugar que se le ha asignado, y usa los medios a su alcance, sean grandes o pequeños, con la fe de que cualquier ayuda real solo puede venir de lo alto, a tal persona le irá mejor. El que confía en Dios, el que espera en que él obre, conocerá que el Señor viene a él, y que su vida será preservada de verdad.

Por tanto, espera en el Señor. Dirige los pensamientos de tu corazón al tiempo venidero de la salvación, y atrévete a orar por un anticipo de este tiempo. Entonces seguramente encontrarás la mejor ayuda.

Johann Christoph Blumhardt

19

SIGUE ALABANDO

¡Aleluya! ¡Alabado sea el Señor! ¡Cuán bueno es cantar salmos a nuestro Dios, cuán agradable y justo es alabarlo!

Salmo 147:1

ALABAR al Señor es bueno. Alabar es agradable y apropiado, mucho mejor que quejarse o desanimarse. Escucha bien: es bueno cantar alabanzas. Alabar verdaderamente es adecuado, especialmente para personas que no son afortunadas y que tienen muchas razones para estar tristes y angustiadas. ¡Qué conmovedor es escuchar sus alabanzas! Pero, ¿y el resto de nosotros?

¿Podemos siempre cantar alabanzas? ¿Por qué siempre comenzamos por quejarnos, resistirnos o preocuparnos? Sí, hay cosas que nos ponen tristes e infelices, que producen llanto y dolor, temor y angustia. No quiero decir que nunca debamos llorar ni lamentarnos. Pero recordemos que aunque estemos afligidos, podemos exclamar: «¡Alabado sea Dios!». Siempre podemos pensar en algo alegre. Siempre existe algo digno de alabanza.

Sin embargo, decir un espontáneo, casi irreflexivo, «Gloria a Dios» o «Gracias Dios», no es suficiente. Tenemos que pensar más a fondo en el significado de esas palabras. Siempre hay algo a lo que podemos aferrarnos y que nos eleva a nosotros y a los demás. Si comprendemos esto de manera correcta, la alabanza quitará la pesada carga de nuestra angustia. Entonces la atmósfera a nuestro alrededor será buena, agradable y reconfortante para todos los que nos acompañan en nuestra aflicción; nuestra solidaridad será realmente revitalizadora y una alegría.

Preocuparse y lamentarse, comportarse con desesperación, solo provoca angustia. Oh, ¡Si tan solo los que somos abatidos y desdichados pudiéramos alabar al Señor! Y recuerda, especialmente cuando Dios te ha dado su gracia y salvación, no des por hecho sus bendiciones, como si Dios estuviera obligado a permitir que siempre te vaya bien. Semejante actitud desagradecida es insensible, y los que te rodean simplemente se apartarán de ti. No. Aprende a alabar a Dios, al menos cuando tengas razones obvias para hacerlo.

Si somos capaces de decirles a todos con franqueza y con un corazón alegre que alabamos a Dios y le damos gracias por toda su bondad, si representamos y proclamamos a nuestro amoroso y misericordioso Dios, entonces seremos de gran consuelo para muchas personas. Nos olvidaremos de nuestra propia cruz y nos alegraremos con los que alaban a Dios. Entonces podremos cantar canciones de alabanza desde el fondo de nuestros corazones. ¡Cuán bueno, cuán agradable es alabar al Señor!

Johann Christoph Blumhardt

Dios escucha

✦　✦　✦

20

ORA, EN TODA SITUACIÓN

Estén siempre alegres, oren sin cesar, den gracias a Dios en toda situación, porque esta es su voluntad para ustedes en Cristo Jesús.

1 Tesalonicenses 5:16–18

PABLO no se refiere aquí al contenido de nuestra oración, sino simplemente nos manda que oremos, y que lo hagamos en todas las circunstancias. ¿Por qué entonces pensamos tanto antes de acercarnos al Padre? ¿Por qué primero intentamos de todo lo que la gente recomienda y nos metemos en toda clase de dificultades antes de acudir a Dios en oración?

¿Está mal orar al Salvador cuando resulta apropiado ser sanado por los hombres? ¿Por qué debería considerarse a la oración como una presunción cuando únicamente estamos cumpliendo lo que se nos ha mandado hacer? ¿No sería más presuntuoso resistirnos a un mandamiento directo del Señor? Algunos temen que podrían ser liberados de su actual enfermedad solo para ser afligidos por otra peor. ¿Acaso eso significa que el Padre celestial les da a sus hijos piedras en lugar de pan, serpientes en lugar de pescado (Lucas 11:12)? Otros afirman que el sufrimiento es necesario. Es cierto, pero ¿no es también importante experimentar la ayuda del Señor? ¿No es la ayuda de más beneficio para el corazón que cualquier sufrimiento? ¿Quién se ha convertido alguna vez por medio del puro dolor?

Cualquiera sea la voluntad de Dios, aceptemos de buena gana lo que nos da y soportemos lo que no quiera quitarnos. Pero oremos. Solo el Señor es quien debe hacer la obra. Y él sabe cuanto podemos soportar (1 Corintios 10:13). Si no responde de inmediato nuestras oraciones, asume, como aprendió Pablo, que su gracia es suficiente para ti. Lo más importante es someterse a la voluntad de Dios. Cuando lo hagas, será más fácil, y poco a poco el Señor hará ligera tu carga.

Por tanto, con un espíritu sencillo encomienda todo al Señor, para que él haga lo que quiera. Si lo haces en *todas* las circunstancias, descubrirás que es el mejor camino.

Johann Christoph Blumhardt

21

VUÉLVETE COMO
UN NIÑO

Pidan, y se les dará; busquen, y encontrarán; llamen, y se les abrirá. Porque todo el que pide, recibe; el que busca, encuentra; y al que llama, se le abre. ¿Quién de ustedes, si su hijo le pide pan, le da una piedra? ¿O si le pide un pescado, le da una serpiente? Pues si ustedes, aun siendo malos, saben dar cosas buenas a sus hijos, ¡cuánto más su Padre que está en el cielo dará cosas buenas a los que le pidan!

Mateo 7:7–11

ALGUNAS personas, incluidos los cristianos, creen que no tenemos necesidad de milagros. Pero entonces también podríamos descartar del todo el reino de Dios. Si Dios ya no puede prevalecer en esta tierra, si ya no tiene poder en nuestras vidas cotidianas, si lo único que cuenta es nuestro conocimiento y esfuerzo, entonces también podríamos olvidarnos del reino de Dios.

Si ya no puedo vivir en una relación de hijo con mi Padre celestial, poniendo en sus manos las circunstancias de mi vida, cuando tengo que acudir a toda clase de gente diciéndoles: «¡Ayúdame!»; entonces Dios ya no gobierna en la tierra. Si la iglesia ya no puede orar con sencillez, como el niño que le pide algo a su padre, entonces el reino de Dios se reduce a nada. El gobierno de Dios da lugar a obras prácticas en la tierra. Y gloria a Dios, nuestra misión es demostrar el gobierno de Dios y dar testimonio de él.

Así que dejemos a un lado nuestras inquietudes y preocupaciones y comprometámonos con confianza a hacer la voluntad de Dios. Entonces estaremos seguros que dondequiera que Jesús esté, ahí es donde pertenecemos. Nadie debe abrigar dudas, sencillamente debemos avanzar confiados como un niño. Si sabes que perteneces a Jesús, entonces atrévete a algo. Encomienda todo en las manos de Dios y descubrirás que algo nuevo, algo fresco comienza a tomar forma dentro de ti.

No trates de tomar el control, sino acércate como un niño al Padre, entonces te darás cuenta de las maravillas, sanidades y bendiciones que están ocurriendo a tu alrededor. Entonces tendrás la fortaleza cuando el camino esté despejado. No trates de ocuparte de antemano con toda clase de remedios y soluciones, de modo que Dios tenga que enmendar tras de ti los errores que has cometido. No, busca lo que Dios está haciendo, y una vez que veas el camino, comienza a seguirlo.

Christoph Friedrich Blumhardt

22

ENFRENTA LAS DUDAS

Entonces los apóstoles le dijeron al Señor: —¡Aumenta nuestra fe!

Lucas 17:5

CUANDO nuestra fe es escasa, debemos pedir por lo que nos falta. Debemos clamar, como el padre del joven que estaba poseído: «¡Sí creo! ... ¡Ayúdame en mi poca fe!» (Marcos 9:24). Sin embargo, la petición por más fe no es suficiente. El que desea orar por más fe debe preparar su alma para ella. Debe apartarse de todo lo que interfiera con el poder de la fe. Debe serenarse, poner en orden sus pensamientos, su espíritu y todas sus facultades. También debe unirse en espíritu con su propia gente y no debe estar destrozado ni devastado en su interior. Entonces será efectiva la oración por más fe. La fe será concedida de lo alto y encontrará una puerta para entrar al corazón.

En este pasaje los discípulos habían recibido poder para expulsar a los espíritus impuros, sanar a los enfermos y realizar muchas obras en el nombre del Señor. Necesitaban dones para hacer todo esto, y aunque habían logrado muchas cosas, hubo períodos y momentos en los que carecían de estos dones; en otras palabras, no estaban seguros de que algo realmente sucedería cuando invocaran el nombre del Señor. Por esta razón le pidieron a Jesús: «Aumenta nuestra fe para que tengamos el poder que necesitamos cuando hablemos en tu nombre».

¿Cómo lo aplicamos a nosotros mismos? ¿Podemos también orar por más fe? Quizá sí, tal vez no. Lo importante es que cuando oremos por más fe, nunca debemos hacerlo simplemente por nosotros mismos. Cuando oramos por más fe, estamos pidiendo que algo mucho más grande sea dado a la iglesia. Esa es nuestra obligación y nuestro deber: «Aumenta la fe de la iglesia, del pueblo de Dios, y especialmente de tus siervos, para que experimenten de nuevo la auténtica fe apostólica». Esa debería ser nuestra oración.

Resulta trágico que muy poca gente en la iglesia se atreva a hacer algo en fe, y cuando lo hacen, piden muy poco. Por eso ocurren muy pocas cosas que dan gloria al nombre de Jesús. A menos que tengamos fe, todo lo demás es inútil. Necesitamos con urgencia que nuestros corazones sean impactados una vez más, porque necesitamos la fe más que nunca. Aunque debemos dejar que el Señor le dé fe a quien quiera, nuestra preocupación debe ser que sucedan milagros en la iglesia otra vez. Porque ahí dentro reside oculta la gloria y el poder de Cristo. Así que oremos por más fe, pero no oremos solamente por nosotros mismos.

Johann Christoph Blumhardt

23

SABE LO QUE NECESITAS, ANTES DE PEDIRLO

Al orar, no hablen sólo por hablar como hacen los gentiles, porque ellos se imaginan que serán escuchados por sus muchas palabras. No sean como ellos, porque su Padre sabe lo que ustedes necesitan antes de que se lo pidan.

Mateo 6:7–8

MUCHAS personas piensan que sus oraciones no sirven si no se expresan con suficiente claridad, o no explican con exactitud lo que quieren decir, o no se pronuncian con bastante fuerza ante Dios con la debida seriedad. Pero, cuando esto sucede, la oración se convierte en algo tan exagerado que incluso nuestro Salvador lo prohíbe.

Obviamente, Jesús no desea desanimarnos al orar. Su punto es que cuando oremos tengamos un sentido de proporción. Una vez que hayamos orado debemos permanecer tranquilos. Tenemos que ser como el agricultor que ha sembrado su semilla. La ayuda vendrá cuando permanezcas tranquilo en fe. También en tu enfermedad o con otras necesidades, aprende a permanecer tranquilo y busca el reino de Dios.

Podemos expresar nuestras necesidades al Padre con pocas palabras, sin hacer un drama, y descansar seguros de que Dios ya sabe lo que necesitamos y lo que hará para ayudarnos. No tenemos que explicar con muchos detalles nuestras peticiones al Señor, ni tratar de asegurarnos de que sepa nuestras necesidades. Dios conoce incluso los asuntos más insignificantes y los lleva directo a su corazón. Podemos acudir a él mirando hacia el cielo, sin pronunciar palabras, o lo podemos hacer incluso cuando oramos por algo concreto y tangible, o por algo que específicamente nos preocupa. Tal vez comprendamos, que lo que pensábamos que necesitábamos, en realidad no es necesario, y que podemos encontrar una salida justo en medio de las condiciones actuales.

Esto no significa que simplemente dejemos que sucedan las cosas, como si todo llegara por cuenta propia sin que lo deseáramos. Tampoco debemos lanzar una petición breve y apresurada a los pies del Señor. Cuando lo hacemos, perdemos muy fácilmente de vista a Dios, asumiendo que todo viene a nosotros sin su ayuda, y nos olvidamos de darle gracias. Luego dejamos de tener un corazón creyente y como consecuencia dejamos de ser verdaderos hijos de Dios.

Jesús dijo: «Antes de que se lo pidan». Por tanto, necesitamos darle a conocer nuestras peticiones, de lo contrario no recibiremos muchas cosas que nos podría haber dado. A Dios nunca le desagrada cuando venimos ante él con nuestras peticiones más sinceras. Un hijo verdadero pide por *todo*, sabiendo que Dios está dispuesto a escucharlo. Debemos traer todas nuestras cargas y necesidades ante él, porque por lo menos esto nos ayuda a estar mucho más conscientes de que Dios es quien da todas las cosas.

Dios siempre tiene en mente nuestros intereses. Él recibe nuestras diversas necesidades con preocupación paternal, esperando con entusiasmo que vengamos ante él. No nos ha olvidado. Y cuando somos tentados a pensar que lo hace, con mucha más razón debemos recordar que todo lo sabe y cuida de nosotros. De hecho, sabe mucho más de nosotros y nuestras necesidades que nosotros mismos. La oración simple y confiada es suficiente para conmover su corazón, te concede algo de la plenitud de su compasión, y te salva de toda clase de temores y dificultades.

Johann Christoph Blumhardt

24

PUEDES ALCANZARLO

Jesús se fue con él, y lo seguía una gran multitud, la cual lo apretujaba. Había entre la gente una mujer que hacía doce años padecía de hemorragias. Había sufrido mucho a manos de varios médicos, y se había gastado todo lo que tenía sin que le hubiera servido de nada, pues en vez de mejorar, iba de mal en peor. Cuando oyó hablar de Jesús, se le acercó por detrás entre la gente y le tocó el manto. Pensaba: «Si logro tocar siquiera su ropa, quedaré sana.» Al instante cesó su hemorragia, y se dio cuenta de que su cuerpo había quedado libre de esa aflicción.

Al momento también Jesús se dio cuenta de que de él había salido poder, así que se volvió hacia la gente y preguntó:

—¿Quién me ha tocado la ropa?

—Ves que te apretuja la gente —le contestaron sus discípulos—, y aun así preguntas: "¿Quién me ha tocado?"

Pero Jesús seguía mirando a su alrededor para ver quién lo había hecho. La mujer, sabiendo lo que le había sucedido, se acercó temblando de miedo y, arrojándose a sus pies, le confesó toda la verdad.

—¡Hija, tu fe te ha sanado! —le dijo Jesús—. Vete en paz y queda sana de tu aflicción.

Marcos 5:24–34

U NA pobre mujer había sufrido mucho durante doce años, en ese tiempo había consultado a muchos médicos, quienes le causaron más sufrimiento, a pesar de haber gastado en ellos todo lo que tenía. Afortunadamente, en algún momento la mujer escuchó acerca de Jesús y fue a verlo.

Esta sufrida mujer tocó el manto de Jesús. De inmediato, Jesús sintió que un poder salía de él, y preguntó sorprendido: «¿Quién me ha tocado la ropa?». El corazón compasivo de Jesús debe haber sido tocado al punto que quería revelar la fe mostrada en este simple acto: la verdadera fe de esta mujer. Jesús la miró directamente. La mujer, sabiendo lo que le había sucedido, se acercó temblando de miedo, arrojándose a sus pies. De repente desapareció toda timidez y reserva, y le confesó a Jesús toda la verdad.

Este incidente muestra cómo Jesús es uno de nosotros, realmente uno de nosotros, no alguien a quien debemos temer con asombro por su divinidad, sino alguien que por amor nos permite tocarlo. Él no se coloca por encima de nosotros, sino que en su infinita compasión irradia su gloria y majestad divinas. Recordemos esto: nuestro Salvador no está lejos.

La mujer se atrevió a tocar el manto de Jesús sin su conocimiento. Cuántos más pudieron también haberse beneficiado del poder de Jesús en esta forma. Cuántos más deben haber venido ante él con debilidad, sin aliento, medio enfermos, con toda clase de malestares menores; y regresaron a casa fortalecidos, renovados y con plena salud. Recibieron la sanación no porque Jesús estuviera consciente de su necesidad, sino sencillamente porque él era su hermano. Nosotros también podemos encontrar la sanación cuando nos reunimos juntos en amor verdadero con Jesús en medio de nosotros.

«Tu fe te ha sanado», le dijo Jesús a la mujer. Sí, fue su fe. ¡Mira lo que la fe puede hacer, incluso por los más humildes! «Vete en paz y queda sana de tu aflicción», le dijo Jesús. ¡Con cuánta felicidad, alegría y bendición regresó esta mujer a su casa!

No olvidemos que por medio de nuestra fe en Jesús (cuando esta fe es parte de una vida vivida en él), podemos experimentar algo de este poder. ¡Qué bendecidos y alegres pudiéramos estar si lo alcanzáramos y lo tocáramos, a quien es nuestro hermano! Si solo tuviéramos más fe, incluso en las cosas más simples. Entonces la mano del Señor se manifestaría mucho más a menudo. ¡Oh que pudiéramos acudir con mayor prontitud a nuestro amado Salvador!

Johann Christoph Blumhardt

25

ENCONTRAR ALEGRÍA
EN EL SUFRIMIENTO

Fijemos la mirada en Jesús, el iniciador y perfeccionador
de nuestra fe, quien por el gozo que le esperaba, soportó
la cruz, menospreciando la vergüenza que ella signifi-
caba, y ahora está sentado a la derecha del trono de Dios.
Así, pues, consideren a aquel que perseveró frente a tanta
oposición por parte de los pecadores, para que no se cansen
ni pierdan el ánimo.

Hebreos 12:2–3

QUIZÁ te encuentres terriblemente mal, y al mismo tiempo luchas con emociones difíciles o con condiciones nerviosas. Te confundes con facilidad y estás abrumado con grandes angustias y temores, con el resultado de que todo tu cuerpo se siente débil y pesado. Entre más te esfuerzas por encontrar la lucidez, más confuso pareces sentirte. Todo parece desvanecerse ante ti, incluso el sentir la presencia del Señor.

Cuando tu espíritu se oscurece de esta manera, es importante permanecer tranquilo y sereno. No debes ponerte demasiado ansioso cuando suceda, incluso cuando te sientas cada vez peor físicamente. Recuerda, los poderes de las tinieblas siempre están activos, tratando de desviarnos a la desesperación, alejándonos de nuestro verdadero destino. Ninguno de nosotros es inmune por completo a tales ataques. Pero, si te preocupas demasiado en ellos, solo empeoras las cosas.

Más bien, prepárate para estar firme en la noche y la oscuridad. Cambia la noche en día manteniendo tu vista en el Salvador, que es el victorioso definitivo, el primero y el último. Con Jesús, siempre regresa la luz del día. Considera que él enfrentó mucho más de lo que tú enfrentarás jamás. Y cuando sepas de alguien más que está especialmente bajo ataque, dale la certeza de tu intercesión, que siempre es de gran ayuda.

Cuando ores, espera por el tiempo venidero cuando el gran victorioso, el pionero y perfeccionador de la fe, irrumpirá en la noche en favor de todas las naciones. Entonces todos los hijos de Dios vivirán en la luz y serán realmente libres: «Así que si el Hijo los libera, serán ustedes verdaderamente libres» (Juan 8:36). Todo depende de si lo amamos totalmente, así que seamos pacientes con una esperanza alegre.

Johann Christoph Blumhardt

26

DIOS TE AMA

Yo reprendo y disciplino a todos los que amo.

Apocalipsis 3:19

E L Señor disciplina a los que ama. Por tanto, cuando tenemos que sufrir es un error pensar que Dios ya no nos ama. Esa manera de pensar traiciona los caprichos de nuestros corazones y nuestro amor propio. Qué pasa si un niño que es castigado le dice a su madre: «¡Ahora veo que me odias y ya no me aguantas!». ¡Que tontería!

Cuando las cosas salen mal, por ejemplo si te enfermas, o si tus oraciones no tienen una respuesta inmediata, no pienses que Dios te ha rechazado. Semejante pensamiento proviene del maligno. Si te sucede una dificultad es precisamente porque significas algo para el Salvador. Él te ama.

Por esta razón no debemos atormentarnos con toda clase de acusaciones. Por cierto, podemos torturarnos de manera totalmente insana y exagerada en cuanto a la culpa y el pecado. No todas las aflicciones son un castigo por el pecado. Al igual que Pablo, quizá tengamos un aguijón en la carne para que no nos volvamos presuntuosos. Reconocer tu propia pequeñez también es una señal de que el Salvador te ama. Al igual que Job, quizá todavía tengas que demostrar tu firmeza en la fe. Pero esto, también, es una señal del amor del Salvador, que te considera digno; por medio de ti quiere mostrarle al maligno que todavía hay personas pacientes y fieles aquí en la tierra, aunque tengan que padecer una gran cantidad de sufrimiento.

Por tanto, sin importar lo que tengas que sufrir, nunca dudes del amor de Dios. Y recuerda: Dios no desprecia al corazón quebrantado y arrepentido (Salmo 51:17).

Johann Christoph Blumhardt

27

GUARDA MI VIDA

Presérvame la vida, pues te soy fiel. Tú eres mi Dios, y en ti confío; ¡salva a tu siervo!

Salmo 86:2

DAVID clama a Dios con gran necesidad. Una y otra vez nos encontramos clamando a Dios. Las cosas pueden enredarse con tanta desesperación que estamos tentados a darnos por vencidos. Que fácil es para nosotros pensar que Dios no sabe cómo ayudarnos. Cuando esto sucede, todo está perdido, y ya no queremos orar. Ahí es cuando nos rendimos a la desesperación. Pero todo depende de que creamos y confiemos en que Dios puede hacer lo que parece imposible.

David puso su confianza en Dios, pensó en sí mismo como un «siervo del Señor», se mantuvo dispuesto a servir a la causa de Aquel que era capaz de realizarla. Puesto que David era un siervo, no dependía de él.

Simplemente exclamó: «¡No sé qué hacer, estoy desesperado y al límite de mi capacidad. Pero tú, Oh Señor, sabes cómo hacerlo!».

Rara vez actuamos de esa manera. Queremos ser dueños de nosotros mismos. Queremos manejarlo todo por nuestra cuenta y en nuestros propios términos. Queremos tener el control y, cuando las cosas no salen como deseamos, nos enojamos y nos amargamos. Debido a que fallamos en rendir todas las cosas a Dios, a su misericordia y su fortaleza, todo resulta al revés y nos quedamos en la ruina. Es como si prefiriéramos golpear nuestras cabezas contra la pared en lugar de permanecer tranquilos y orar humildemente: «¡Oh Dios mío, por favor ayúdame!».

David, el rey, se postró ante los pies del Señor. David, el siervo, confió plenamente en Dios para lograr lo que él mismo era incapaz de hacer. Él sabía que con Dios todo es posible y que Dios escucha nuestras oraciones y se preocupa por ellas. Esto es a lo que debemos aferrarnos con firmeza, con fe. Porque ciertamente recibiremos su ayuda si, como David, podemos exclamar: «¡Dichosos los que en él buscan refugio!» (Salmo 2:12).

Johann Christoph Blumhardt

28

HONREMOS A DIOS CON NUESTROS LABIOS

El Señor ha dado; el Señor ha quitado. ¡Bendito sea el nombre del Señor!

Job 1:21

TODO lo que Job poseía le fue quitado, incluyendo a sus hijos e hijas. Pero pudo exclamar: «¡Bendito sea el nombre del Señor!». Es difícil decir si Job entendía plenamente lo que estaba diciendo, pero esta expresión de alabanza muestra la completa sumisión que tenía hacia Dios. Al final, esa fue suficiente para Dios. Satanás fue derrotado desde el mismo comienzo.

¿Qué podemos aprender de esto? De seguro una cosa: entre más grandes sean los planes de Dios, más sorprendentes y más incomprensibles serán las cosas que pasarán. Si Job nos enseña algo es que nos muestra lo importante que es tener una fe sencilla, que cuando Dios golpea fuerte siempre tiene en mente algo tremendo y bueno. Creamos en esto, ya sea que lo comprendamos o no.

Amado amigo, no importa lo que estés confrontando, lo mejor es hacer siempre lo mismo que Job y alabar a Dios. Nunca pienses que Dios comete errores, o que no puede obrar de cierta manera, o que no honra a los que lo siguen fielmente. ¡Ten cuidado! En el momento que empiezas a acusar a Dios, ya has comenzado a extraviarte del camino. Debes ser muy cuidadoso de no caer más bajo, no sea que termines abandonando por completo a Dios. Solo piensa en cuánto agradamos a Satanás cada vez que nos resentimos y nos resistimos a la voluntad de Dios. Piensa en cuán avergonzado debe estar Dios mismo por causa de nosotros.

No olvides que nuestra fidelidad siempre será puesta a prueba. Pasamos la prueba solamente si damos honor a Dios en todas las cosas y acudimos a él con reverencia y mansedumbre sin importar lo que haga. Cuando lo hacemos, Satanás queda derrotado y tenemos segura la victoria.

Johann Christoph Blumhardt

29

DIOS SABE

Si permanecen en mí y mis palabras permanecen en ustedes, pidan lo que quieran, y se les concederá. Mi Padre es glorificado cuando ustedes dan mucho fruto y muestran así que son mis discípulos.

Juan 15:7–8

DIOS sabe por qué no siempre hace lo que le pedimos. Pero existen miles de deseos por los que sencillamente no tenemos razón para pensar que deban convertirse en realidad. Pablo quería ser liberado del mensajero de Satanás, pero el Señor le dijo: «*Te basta con mi gracia*» (2 Corintios 12:7–9). Tenemos que vernos como almas necesitadas.

Las promesas sobre la oración no se dan de manera superficial. Así que, aunque Dios no nos responda, todavía permanece firme y fiel a su promesa. Y responde a la oración, pero en el fondo quiere ver frutos en aquellos que oran. Solo entonces va a recibir la gloria por lo que ha hecho. Entonces la alabanza que le debemos —que a menudo hace tanta falta— le será dada. Ya que se nos permite pedir por lo que deseamos, nuestras oraciones deben enfocarse en algo más elevado, apuntando al reino de Dios y su cumplimiento.

A fin de cuentas, el Señor, de una forma o de otra, llevará a cabo todo lo que le hemos pedido. Cualquiera que le pide es apreciado por él, porque el que se acerca a Dios permanece más cerca que el que no le pide. Dios toma en cuenta cada oración sincera. Pero su respuesta a menudo es distinta de lo que esperamos. Aun así con frecuencia nos responde de tal manera que debemos asombrarnos y adorar.

Aunque todavía hay mucho que hace falta en todo lugar, esperemos con paciencia por el gran tiempo de gracia que está por venir, que no dejará de manifestarse. Entonces se manifestará la misericordia de Dios, con tanta fuerza que todos seremos transformados. Por tanto, sigamos orando. Los ángeles llevarán tus peticiones al Padre, y su recompensa no dejará de cumplirse.

Johann Christoph Blumhardt

30

MANTENTE FIRME

Si se mantienen firmes, se salvarán.

Lucas 21:19

CUANDO todo está de cabeza, cuando las tinieblas parecen alzarse con la victoria, y cuando no vemos salida alguna, recuerda: paciencia, paciencia, paciencia. Espera en el Señor, que puede cambiar todo, que puede hacer que todo salga bien, y que al final será victorioso.

Si no podemos mantenernos firmes ahora, seguramente nos resultará mucho más difícil en la angustia del tiempo venidero. La paciencia es la «cura» más útil para la vida interior y exterior. Por tanto, no te desesperes, no pierdas el ánimo, aunque todos los caminos estén cerrados. Persevera, incluso cuando tengas que pasar por necesidades extremas. Lánzate con confianza en los brazos del Salvador, aférrate a él y sigue confiando y esperando en que revelará su gracia y misericordia.

Tener una paciente esperanza revela que tienes fe. Si tu paciencia no es puesta a prueba de vez en cuando, ¿cómo sabrás si tienes o no una confianza real? Sométete a la disciplina del Señor y tu fe será vindicada de verdad.

Sí, mucha gente aparenta ser muy creyente, pero la fe puede crecer fuerte solo cuando tenemos que luchar con la paciencia. La convicción no significa mucho si no tenemos un corazón confiable. En este sentido la paciencia es la manifestación externa de la fe. Y si vamos a ser salvos por la fe, entonces tendremos que aprender a perseverar. La perseverancia paciente y la fidelidad siempre van juntas (Apocalipsis 13:10).

Así que mantengámonos firmes y perseveremos ante cualquier dificultad, perseverando en todo sufrimiento y bajo cualquier cruz. Siempre tomemos en cuenta que la tribulación va a venir, no dejará de presentarse. Pero también cobremos vida al armarnos del poder de la perseverancia, para que podamos mantenernos firmes cuando llegue la tribulación. Al mantenernos firmes seguramente ganaremos la vida.

Johann Christoph Blumhardt

31

ANÍMATE

En este mundo afrontarán aflicciones, pero ¡anímense! Yo he vencido al mundo.

Juan 16:33

NUESTRO deseo más fuerte y más natural es librarnos del sufrimiento y la enfermedad lo más rápido posible. A menudo nos encontramos orando: «Quítame esta aflicción. Danos días buenos, para que todo pueda volver a estar bien con nosotros». Pero Dios no puede darnos siempre días buenos. En este mundo tendremos aflicciones, pero más importante, Jesús debe tener personas que le ayuden a sobrellevar el sufrimiento del mundo, y que no se desalienten ante la angustia y el sufrimiento.

El Salvador mismo nos muestra el camino, llevando su cruz por causa de Dios y de su gloria. Dios se glorifica cuando Jesús siendo inocente lleva los pecados del mundo —nuestros pecados—, y demuestra abiertamente en su propio cuerpo lo pobre y abandonados que todos hemos llegado a ser, y cuánto estamos a merced de la muerte y la destrucción. Por esa razón el Salvador no duda en clamar: «Dios mío, Dios mío ¿por qué me has desamparado?» (Mateo 27:46). Este debe convertirse en nuestro mayor infortunio: que este mundo rebelde sea también abandonado por Dios; pero, a diferencia de Jesús, siga su propio rumbo. El Salvador suspira a Dios por ello.

¿Acaso nos conmueve esto? ¿Quién de nosotros suspira por Dios? ¿Quién se duele por el daño que le hemos hecho y que continuamos haciéndole a Dios y a su causa? Sí, suspiramos y oramos, pero ¿no suspiramos y oramos principalmente solo por nosotros mismos y nuestras propias necesidades? Tenemos muy poco corazón para Dios. Pero eso es lo que debería dolernos. Nuestro anhelo debe ser honrar solamente a Dios, como el Salvador lo hizo, y hacerlo con nuestro sufrimiento. Solo será posible si estamos imbuidos con el sufrimiento y la muerte del Salvador, y solo si, como él, sentimos en nosotros el pecado y la necesidad del mundo.

Cuando sufrimos por el mundo y nos ponemos en las manos de Dios, entonces podemos actuar verdaderamente en fe. Tal fe dará fruto, no para nosotros en primer lugar, sino para Dios y su reino. Entonces Dios puede hacer grandes milagros. Y después, cuando sea el momento, también veremos lo que hemos ganado.

Christoph Friedrich Blumhardt

Dios promete sanar

◆ ◆ ◆

32

CUANDO DIOS SANA

Con majestad, cabalga victorioso en nombre de la verdad, la humildad y la justicia; que tu diestra realice gloriosas hazañas.

Salmo 45:4

CUANDO Dios usa su regla de verdad y justicia la tierra cruje con milagros. Los milagros de Dios siempre se relacionan con la verdad y la justicia. Por esa razón sus obras nunca son eventos extraños que nos desconciertan y nos hacen preguntarnos qué significan en realidad. Siempre existe la luz, siempre hay un significado en los milagros de Dios, siempre tienen un valor moral. En lugar de suplicar por milagros, por tanto, debemos orar: «Amado Dios, haz que solo la verdad y la justicia reinen en nuestra casa, sí, y en nuestros corazones; no nos dispenses, sino sigue adelante». Entonces no habrá falta de milagros. Lo que necesita hacerse se hará.

Cuando enfrentamos dificultades encaramos un dilema: no saber qué hacer; pero *no* debemos afrontar el problema donde surge la dificultad y tratar de remediarlo allí. No. Necesitamos analizar lo que está detrás para ver si hay algo que está mal y orar para que el Señor ponga orden. Quizá descubramos algo falso, algo que no podemos quitar con nuestra propia fuerza. Solo Dios puede hacerlo. Aférrate con firmeza a esta verdad y descubrirás que tus heridas serán sanadas, y que lo que está mal externamente en tu vida también desaparecerá.

¡Cuanta falsedad todavía permanece oculta en nosotros, cuanto autoengaño y presunción! En la superficie las cosas parecen bastante normales. Pero la aflicción física, al final, es el resultado de la perversión en nuestras vidas. Esto no significa que todo problema o toda enfermedad sea el resultado directo del pecado. Sino que el sufrimiento y la enfermedad están relacionados con el todo. Somos como una cadena, y nuestras dolencias comunes dan sus frutos, al igual que los pecados individuales. Las cosas serían diferentes si realmente viviéramos conforme a la verdad y la justicia.

Todo el mundo quiere la ayuda médica, quieren ser sanados, pero ¿quién de verdad se interesa en Dios? No queremos ser verdaderamente purificados. En cuanto a mí, no deseo ver un solo milagro en alguien si no resulta en una restauración interior.

✦   ✦   ✦

Durante toda mi vida con frecuencia he estado gravemente enfermo, y en cada ocasión el Señor quiso hablarme precisamente en las circunstancias de mi enfermedad. El momento en que pude asumir el dolor con gozo, agradecer al Señor por ello, y permitir que fluyeran los rayos de la gracia divina, los dones y las bendiciones de Dios se derramaron continuamente sobre mí en fe. Rápidamente el dolor perdió terreno y fui capaz de concentrarme con libertad en el Señor, estaba alegre y feliz, y el sufrimiento se disipó como una nube frente al sol. En otras palabras, durante años he recibido bendiciones inexplicables al estar enfermo. Mucha de la gente enferma que ha venido a mi casa ha tenido la misma experiencia.

Hace varios años me fracturé la mano. En aquel momento no sabía que estaba fracturada, pero el dolor era tan fuerte que tuve que recostarme. Una vez que me pude calmar de nuevo, puse mi mano sana sobre la enferma, y literalmente le agradecí a Dios durante dos horas completas, dejando que fluyeran el poder y la bendición de Dios. Le agradecí por permitirme, solo y sin interrupciones, aceptar sus palabras de vida y centrarme de nuevo en él. Mientras hacía esto sentí que mi llamado estaba siendo fortalecido espiritualmente, al mismo tiempo el dolor que sentía fue disminuyendo más y más. En esas dos horas recibí más fortaleza, más sanación de Dios de lo que puede expresarse con palabras.

Unas semanas después, un cirujano llegó a nuestra casa. Cuando examinó mi mano, comentó que había sido fracturada en dos partes, pero que evidentemente había sido sanada muy bien como si hubiera estado enyesada por cuatro semanas. Esto me convenció mucho más de que durante esas dos horas de oración, en las que no hice más que dar gracias a Dios, el Señor mismo sanó mi mano.

Por casi treinta y cuatro años, esta ha sido mi actitud hacia la enfermedad: asumirla con gozo y acción de gracias. Cada vez que he estado gravemente enfermo, el Señor me ha enseñado cosas importantes. He aprendido que el dolor no tiene que ser una carga. Por el contrario, me ha enseñado a estar tranquilo, a calmar mi alma, y acudir al Señor y pedirle: «Señor, ¿qué quieres de mí ahora?». Y Dios siempre hace claro lo que tengo que dejar, el pecado que debo abandonar, y cómo debo arrepentirme con todo mi corazón.

Christoph Friedrich Blumhardt

33

DIOS ESCUDRIÑA
LO PROFUNDO

Después de esto Jesús lo encontró en el templo y le dijo:

—Mira, ya has quedado sano. No vuelvas a pecar, no sea que te ocurra algo peor.

Juan 5:14

TODA persona que sufre anhela recibir ayuda, pero ¿cuántos de nosotros deseamos una nueva vida? Nuestras necesidades humanas no deben cegarnos al Salvador; no deben privarnos de ver la nueva y grande realidad que Dios nos da en Cristo.

Por supuesto, es natural que seamos impulsados a acudir al Salvador debido a nuestros problemas, en especial cuando hemos agotado todas las demás soluciones. Pero ¿quién de nosotros acude al Salvador debido a su pecado? Esto debería hacernos humildes. Desde el mismo principio Dios quiso hacernos detestar nuestro pecado, no nuestro dolor. Deberíamos anhelar estar en un mundo nuevo, ser libres del pesado manto del pecado que ahora nos envuelve.

El gran médico lucha por nuestra fe, no solo por nuestra salud. ¿Lo entiendes? Dios realiza milagros entre nosotros para que podamos nacer de nuevo, no solo por causa de una o dos personas sino por muchos. Los milagros son, y estoy tentado a usar una expresión fuerte, obras dolorosas para el Salvador. Porque si solo nos hicieran felices en nuestra vida terrenal entonces no se habría ganado nada.

Debemos meditar en esto más a fondo. Piensa en lo agobiados que estamos con la muerte espantosa y la crudeza del mal, todo por causa del pecado. Y aun así fallamos en dedicar nuestras energías para llegar hasta la raíz de nuestra necesidad. En lugar de eso, miramos por encima el sufrimiento más cercano desde la superficie de angustia de la vida humana y la llevamos al Salvador. «Ayúdame con esto, entonces volveré a ser feliz.» ¡Como si eso pudiera ayudar! ¡Como si eso pudiera hacer una diferencia en nuestra naturaleza humana! Aun si el Salvador sanara hoy a cientos de miles de enfermos, ¿ayudaría realmente a la humanidad? Dentro de diez, veinte o treinta años todo sería olvidado otra vez, y todo volvería a como estaba. La sanación externa por sí sola no nos ayuda, el poder de Dios llega a un nivel mucho más profundo.

¡Oh, si solo pudiéramos abrir nuestros ojos! ¡Si solo pudiéramos ver que con Jesús podemos vencer por completo el sufrimiento del mundo por medio de su nombre! ¡Oh, que pudiéramos ver que en él se ha ganado la gran victoria sobre el mundo del pecado! Si solo pudiéramos olvidar nuestra necesidad a la luz de la miseria de nuestro pecado y, con los ojos de la fe, confiar en Aquel que nos perdonará y liberará, y al mundo entero, de todo mal.

Christoph Friedrich Blumhardt

34

RENOVACIÓN, DÍA TRAS DÍA

Por tanto, no nos desanimamos. Al contrario, aunque por fuera nos vamos desgastando, por dentro nos vamos renovando día tras día.

2 Corintios 4:16

DEBEMOS alegrarnos cada vez que alguien se recupera, especialmente después de haber orado por él. Pero nuestra alegría no debe ser porque la persona se recuperó. Existen muchos que sufren enfermedades hasta el final de sus vidas, así que ¿por qué este no? Más bien, debemos alegrarnos porque vemos que el Salvador ha hecho algo por una persona particular, que el corazón de esta persona ha cambiado y está reavivada con un nuevo anhelo.

Quiero decir a todos los que sufren. Sí, ora para que el Señor tome las cosas en sus manos, él quiere que tengas esperanza, pero no considera que la recuperación sea lo más importante. El Salvador mismo estuvo enfermo. Dijo: «Estuve enfermo y me visitaste». ¿Alguna vez pensaste en eso? ¿Alguna vez pensaste que debe haber gente enferma para que el Salvador pueda morar en ellos?

A menudo me siento débil, miserable y enfermo, todo lo que puedo hacer es moverme a rastras. Por fuera siento que me estoy consumiendo. Sin embargo, sigo adelante. Una y otra vez recibo nuevas manifestaciones de la bondad de Dios, obras de Dios que me renuevan interiormente y me permiten continuar. Lo más importante es que Jesús está presente en nuestra enfermedad. Así que, amigos míos, velen por que Jesús tenga la libertad de obrar en ustedes. Su anhelo debe ser que Jesús obre algo en ustedes, y mucho más importante, que a través de ustedes alcance a otros.

Cada vez que seamos atacados por la enfermedad, nuestra primera oración *no* debe ser: «¡Señor, sáname, quiero ser sanado!», sino «Señor Jesús, lleva a cabo lo que quieras conforme a tu voluntad. Aceptaré tranquilamente en fe lo que tú decidas, tal y como viene». Ora, para evitar que el mal tenga su victoria, para evitar que dominen las tinieblas. En todo el dolor y sufrimiento que pueda ocurrirte, incluso en medio de la muerte y la angustia que provoca, busca al Señor y a los deseos de su corazón. Esta debe ser nuestra petición más profunda y apremiante.

Si tomas esta actitud, experimentarás algo del reino de Dios. Sabrás como nunca antes lo has sabido de dónde proviene tu ayuda. Crecerás con tanta fuerza que serás capaz de vencer todo obstáculo. Los muros de Jericó caerán y las montañas serán removidas. Ya no te impresionará ningún poder terrenal, sea bueno o malo. Lo único que llenará tu corazón será lo que viene de lo alto.

Christoph Friedrich Blumhardt

35

DESPUÉS DE SER SANADO

Un día, siguiendo su viaje a Jerusalén, Jesús pasaba por Samaria y Galilea. Cuando estaba por entrar en un pueblo, salieron a su encuentro diez hombres enfermos de lepra. Como se habían quedado a cierta distancia, gritaron:

—¡Jesús, Maestro, ten compasión de nosotros!

Al verlos, les dijo:

—Vayan a presentarse a los sacerdotes.

Resultó que, mientras iban de camino, quedaron limpios.

Uno de ellos, al verse ya sano, regresó alabando a Dios a grandes voces. Cayó rostro en tierra a los pies de Jesús y le dio las gracias, no obstante que era samaritano.

—¿Acaso no quedaron limpios los diez? —preguntó Jesús—. ¿Dónde están los otros nueve? ¿No hubo ninguno que regresara a dar gloria a Dios, excepto este extranjero? Levántate y vete —le dijo al hombre—; tu fe te ha sanado.

Lucas 17:11–19

AMIGOS míos, déjenme preguntarles. Si fueras uno de los diez leprosos, cómo te sentirías si Dios te dijera: «¡Queda limpio!», y luego quedaras limpio. ¿Qué pasaría si fueras liberado del pecado y la vergüenza y sintieras vida nueva dentro de ti? ¿Te alegrarías o estarías avergonzado? ¿Le negarías a Dios la oportunidad de decirte: «Queda sano de tu sufrimiento»? ¿Te rehusarías a permitirle hacerte un bien? Y ahora pregunto: ¿Qué si yo, o alguien más, te dijera semejante cosa? ¿Acaso responderías: «Eso es imposible, cómo puede alguien esperar esta clase de cosas»?

La ayuda de Dios se recibe con mucho más frecuencia de lo que estamos dispuestos a admitir. Pero muchos de nosotros somos como los nueve leprosos, no somos como el samaritano que regresó a alabar a Dios. Vemos cosas, incluso señales milagrosas, pero no le damos la honra a Dios. Escuchamos cosas y aun así no caemos de rodillas. Somos demasiado autosuficientes para decir: «Señor, mi Dios y mi Salvador, solo tú puedes ayudarnos».

¿Te das cuenta de que Jesús puede en realidad estar justo en medio de nosotros y al mismo tiempo ser discretamente dejado al margen? Podemos experimentar algo en lo interior, incluso la sanación, y alegrarnos por ello, pero luego lo guardamos en nuestros bolsillos y ya no pensamos más en eso. Parece que hay algo humano en nosotros que siempre se imagina ser grande y sabio. Y luego la misma cosa que deseamos se nos resbala entre las manos. Dejamos caer aquello que tanto deseamos, por temor de alguna opinión o reacción humana. Podríamos aceptar al Salvador como el que nos ayuda, pero tememos mencionar su nombre y nos quedamos callados.

Si no tenemos el valor de testificar lo que Jesús puede hacer, entonces podemos ir a la iglesia tanto como queramos y creer en todas las doctrinas correctas, pero seguiremos siendo obstáculos para la obra de Dios en la tierra. Podemos hablar del Salvador todo lo que queramos, pero ¿de qué sirve si no es honrado? Podemos ser sanados y aun así morir y perecer en nuestros pecados. Solamente cuando alabamos a Dios ante los hombres Dios entrará en nuestro mundo. Entonces, como en el caso del samaritano, se podrá decir que nuestra fe nos ha sanado.

Christoph Friedrich Blumhardt

36

EL DON QUE
NO QUEREMOS

El Señor me ha castigado con dureza,
pero no me ha entregado a la muerte.
Ábranme las puertas de la justicia
para que entre yo a dar gracias al Señor.
Son las puertas del Señor,
por las que entran los justos.
¡Te daré gracias porque me respondiste,
porque eres mi salvación!

Salmo 118:18–21

DIOS no puede ayudarnos a menos que primero nos humille. Por eso David agradece a Dios tanto por humillarlo como por salvarlo. ¿Cómo podemos esperar alguna ayuda de Dios, alguna atención especial, cualquier clase de sanación, si nuestro corazón es orgulloso, si no le hemos permitido ponernos bajo sus alas como pobres pecadores, sabiendo que somos insignificantes y necesitados?

Seamos sinceros: no merecemos la ayuda de Dios. Somos declarados culpables debido a las muchas cosas que nos han alejado de él. Dios dispone las cosas bien, pero lo hace para arrinconarnos mediante todo tipo de necesidades y preocupaciones. Nos humilla hasta que aprendamos humildemente a entregarnos en sus brazos y permanecer con arrepentimiento delante de él.

Cada aflicción que viene a nuestro encuentro nos humilla. Nos hace sentir que no podemos permanecer por nuestra cuenta. Entonces comprendemos que estamos en las manos de otro, que no somos personas que podemos vivir sin la ayuda de los demás. Eso es lo que mucho nos gustaría ser como humanos. Cuando estamos en dificultades, tenemos que humillarnos y clamar por ayuda. Entonces Dios puede ayudarnos. Por esa razón debemos agradecer a Dios cada vez que seamos abatidos y humillados. Cuando Dios nos humilla, su propósito es bendecirnos. Así que seamos agradecidos y humillémonos de una vez.

Johann Christoph Blumhardt

37

SANACIÓN INTERIOR Y MÁS

Por tanto, ya que Cristo sufrió en el cuerpo, asuman también ustedes la misma actitud; porque el que ha sufrido en el cuerpo ha roto con el pecado, para vivir el resto de su vida terrenal no satisfaciendo sus pasiones humanas sino cumpliendo la voluntad de Dios.

1 Pedro 4:1–2

SI deseamos felicidad y salud pero no conversión, estamos en el camino equivocado. El don de sanación no será de ningún beneficio sin el arrepentimiento. Un don divino de sanación nunca se manifestará si no está precedido por el arrepentimiento, por el clamor que dice: «¡Señor, quita la maldición bajo la cual gemimos!». El Salvador no está interesado en participar en el juego de enfermarnos para después sanarnos otra vez. Si eres humillado, arrepiéntete, eso es lo que debes buscar.

Por supuesto, no hay nada de malo en querer estar sano, pero pregunto: ¿qué vamos a hacer con nuestra salud si no consideramos de antemano quiénes somos y qué quiere Dios que seamos? Oh, cuántas aflicciones podrían evitarse si prestáramos más atención a la dimensión *interna*. El Señor Jesús es por cierto nuestro ayudador y sanador, pero en última instancia lo es de nuestra alma. Resulta mucho mejor ser purificado que ser sanado, porque en todo lo que hace es nuestra *alma* lo que el Señor busca. Si le permites tener tu corazón, también experimentarás su bondad en lo exterior, porque cuando se perdona el pecado, la sanación fluye por sí misma, y todo lo demás saldrá bien.

Que el Señor ponga todo sobre un fundamento diferente entre nosotros. De seguro lo llevará a cabo si lo deseamos en fe.

Johann Christoph Blumhardt

38

DIOS SANA PARA BIEN

Ahora bien, sabemos que Dios dispone todas las cosas para
el bien de quienes lo aman, los que han sido llamados de
acuerdo con su propósito.

Romanos 8:28

CUANDO trabajé como maestro en la Casa de la Misión en Basilea, tuve una fiebre alta, y el médico me diagnosticó viruela. La noche siguiente, aunque estaba calmado y tranquilo, luché con el Señor, mirando seriamente hacia arriba. En algún momento después de medianoche, me pareció que una mano me frotaba suavemente de la cabeza a los pies, y de repente me sentí bien y libre. Sin embargo, como estaba tan debilitado tuve que quedarme en cama otra semana.

Justo durante ese tiempo tuve que luchar continuamente con pensamientos hostiles hacia una mujer que trabajaba en la casa. Siempre había sido buena conmigo, pero ahora sus defectos me molestaban. Mi actitud crítica afectó toda la intensidad de mis oraciones y me robó la serenidad mental. Me enojé mucho y me aborrecí por como estaba. Oré intensamente para que el Señor me quitara esos terribles pensamientos y me diera paz. Pero no sirvió. Era como si estuviera viviendo en un infierno de malos pensamientos.

Finalmente, decidí ser paciente y soltarme en mi interior. Ya no lucharía con esos pensamientos y sencillamente confiaría en Dios. No tardó mucho antes de que desaparecieran todos los malos pensamientos, y los buenos tomaron su lugar. Aprendí algo muy importante de todo esto: no es bueno pelear mucho contra sí mismo, es mejor dejar atrás tu naturaleza carnal y no alimentarla.

Hay momentos en que debido a la enfermedad sucede algo nuevo. En todas las cosas Dios puede obrar el bien. Pero permíteme también decir que no conozco un pasaje en la Escritura que nos enseñe que la enfermedad misma nos ayuda a liberarnos del pecado. En sí misma y por sí misma, la enfermedad no tiene ningún poder redentor. De hecho, algunos de los peores pecados pueden surgir cuando uno está terriblemente enfermo. Todos hemos conocido personas enfermas que se han vuelto insoportables, impulsadas por una actitud áspera y despiadada. Es horrible ver su amor propio, orgullo espiritual, presunción y sobrevaloración de sí mismas, una mente dogmática y una falsa y exagerada piedad. Y luego ver cuanta necesidad y tristeza les causan a aquellos que los cuidan.

Ninguno de nosotros está libre del pecado debido al sufrimiento. Y aun así Dios a menudo elige la enfermedad para disciplinar a su pueblo, para que se conviertan. Justo en medio de la enfermedad física, con frecuencia nos muestra su gracia y nos aparta de una vida de pecado. Esto es muy cierto, nunca debemos suponer que la enfermedad por sí misma facilita el camino al cielo. La enfermedad debería volvernos a Dios y guiarnos a la cruz. La enfermedad puede ser algo bueno, pero solo si permitimos que Dios la use para conquistar el pecado, para el bien. Porque, cuando su cruz gobierna en nuestros corazones, puede sanar y liberarnos realmente y ya no caemos presa del pecado.

Johann Christoph Blumhardt

39

LO MÁS IMPORTANTE DE TODO

Más bien, busquen primeramente el reino de Dios y su justicia, y todas estas cosas les serán añadidas.

Mateo 6:33

CON frecuencia la enfermedad me ha impulsado a buscar un silencio más profundo, buscar de nuevo el camino al que Dios quiere guiarme. La gente supone que después que me recupere, reanudaré otra vez mis actividades como de costumbre. Pero los tiempos y llamados cambian, y no agradamos a Dios al aferrarnos a los viejos hábitos. En lugar de eso, debemos prestar atención a las señales que nos muestran nuevos caminos.

Ahora que estoy enfermo, necesito distanciarme un poco, tomar distancia de mi propia personalidad. Creo que el propio Salvador se manifestará aún más por sí mismo si tomo distancia. Lo veo como un paso adelante en mi relación con aquellos cercanos a mí. Lo que debe ser más importante es el reino y la autoridad de Dios.

Por mi parte, ahora ya no siento la necesidad de interceder de alguna manera especial por la salud de otros. Todavía voy a orar, pero lo más importante por lo que quiero orar es que irrumpa algo del reino de Dios. Nuestra comunión no se basa en si Dios nos sana o no físicamente. No, estamos unidos porque nos regocijamos en el Salvador y en la manifestación de su reino. Por esto vivimos, y por esto estamos dispuestos a renunciar a todo. Cualquiera que busca primero y primordialmente el reino de Dios recibirá todo lo que realmente necesita.

Cuando intercedemos por los demás, debemos mantener nuestra vista en el reino de Dios, con plena alegría y confianza, pensando no en nosotros mismos sino en los intereses de Jesucristo. Tenemos que dejar de venir ante Dios buscando ayuda para nuestras necesidades meramente materiales. De nuevo, nuestra comunión es mucho más importante a los ojos de Dios, y mucho más valiosa que todo lo que podríamos esperar conseguir por medio de la intercesión (1 Juan 1:1–4). La sanación es una cosa, pero lo que el Salvador quiere es gobernar con más libertad entre nosotros.

Por tanto, temblemos ante lo que Dios quiere hacer. Necesitamos prepararnos para cualquier cosa, en especial si Dios decide tomar algo de nosotros. A menudo Dios toma una senda que es diferente de lo que pensamos o esperamos. Seamos callados, especialmente en tiempos de enfermedad, entonces obtendremos algo que viene directamente de Dios y que sirve a su reino.

Christoph Friedrich Blumhardt

Vean lo que Dios puede hacer

◆   ◆   ◆

40

NUESTRO MILAGROSO SALVADOR

Entonces les tocó los ojos y les dijo:
—Se hará con ustedes conforme a su fe.

Y recobraron la vista. Jesús les advirtió con firmeza:
—Asegúrense de que nadie se entere de esto.

Pero ellos salieron para divulgar por toda aquella región la noticia acerca de Jesús.

Mateo 9:29–31

A JESÚS no le agradó cuando la gente hizo un gran escándalo sobre sus milagros. Siempre tuvo en mente algo más que el milagro mismo. Cuando Jesús realizó un milagro, lo que más le importaba era que despertaría un sentimiento profundo y piadoso. Sus actos de misericordia fueron señales de algo más grande, algo más allá de lo temporal. Él tocaba el interior de la persona.

Jesús en definitiva quiere seguidores, personas que están empoderadas por él y se enfrentan cara a cara con verdaderos sentimientos divinos por el reino de Dios. Sí, sus milagros manifestaban más que el poder de Dios, no con ciertos fenómenos de sacudimiento terrenal, sino con cierta clase de simplicidad, una cualidad que podía guiar el alma más a fondo. Fueron tan sencillos que a menudo sucedían antes de que cualquiera realmente se diera cuenta. De hecho, en ocasiones nadie vio que sucediera algo extraordinario. Sin embargo, Jesús, movido por la compasión, despertó el amor en la gente, el mismo amor que les había mostrado a ellos. Todas sus palabras y obras salieron directo de su corazón y tocaron los corazones de la gente, que respondieron alabando y dando gloria a Dios. En resumen, su mano sanadora hizo visible para todos la gloria y el amor de Dios.

En este sentido, Jesús tuvo que ser un milagroso Salvador, que por el poder de Dios promovía la redención de todos los pueblos y toda la creación. Y Jesús sigue siendo nuestro milagroso Salvador. Sin sus obras portentosas no es más que un maestro. Pero nosotros lo conocemos como nuestro Señor. ¡Oh, que este evangelio pueda ser vivido y proclamado con plenitud!

❖ ❖ ❖

Los milagros más grandes de Dios no son aquellos que le suceden a la gente enferma. Esos no son tan importantes. De mucho mayor importancia es que veamos cosas que le suceden a los sanos, que veamos cambios en las vidas de las personas y en la condición del mundo. ¿En qué milagros realizados por Dios estoy pensando? Por ejemplo, cuando ya no se disparan armas en la guerra. ¿Crees que es posible? Semejante pensamiento parece hacer reír a todos. Pero, ¿acaso milagros como este no sucedieron en Israel (Josué 5:13–6:27)? Obras similares son las que necesitamos hoy más que otra cosa, para que todo sea tomado por completo de nuestras manos y puesto en las manos del Viviente. Por supuesto, cuando algo viene de Dios, llegará en el momento oportuno y a la manera de Dios. Lo que necesitamos es que la realidad de Dios entre de nuevo en nuestras vidas.

Johann Christoph Blumhardt

41

QUÉDENSE QUIETOS, DIOS ESTÁ OBRANDO

En el arrepentimiento y la calma está su salvación, en la serenidad y la confianza está su fuerza, ¡pero ustedes no lo quieren reconocer!

Isaías 30:15

E L profeta Isaías habló en una época cuando el pueblo de Dios estaba en grave peligro ante enemigos invasores. Uno puede imaginar el tremendo disturbio, conmoción y confusión que hubo cuando fueron presa de enemigos asesinos, vengadores, sedientos de sangre y depredadores.

En situaciones tan desesperadas, es natural que nos volvamos intranquilos hasta el punto de la locura y clamemos con miedo. Pero Isaías le dice al pueblo de Dios que se tranquilicen y se calmen, que tengan paciencia y esperanza. Aquellos que aprenden a confiar y a serenarse en medio de la aflicción encontrarán la salida y recibirán ayuda. Sus ojos estarán más abiertos, sus sentimientos más sobrios, y encontrarán una pequeña abertura por donde puedan librarse, que no hubieran podido ver mientras se alteraban con impaciencia y furia en su desesperación.

En una ocasión vi avispas en un viñedo. Había pequeñas botellas blancas colgando de los tallos, estaban abiertas por arriba y cubiertas con azúcar o miel. Las avispas, atraídas por lo dulce, se perdieron y quedaron atrapadas en las botellas. ¿Por qué? Porque una vez adentro se volvieron tan frenéticas mientras seguían tratando de escapar por el vidrio. Podemos decir que perdieron la cabeza, pues olvidaron la abertura de arriba, donde fácilmente hubieran encontrado la salida. Pero ninguna pudo salir, todas perecieron dentro de cada botella. Entonces pensé, así es como actuamos en nuestra intranquilidad. Nos damos de topes contra la pared y no vemos cómo nuestro agitado espíritu nos ciega ante lo que Dios está haciendo, como consecuencia perdemos nuestro camino sin más culpables que nosotros mismos. Un corazón intranquilo y sin paz está en peligro de perderlo todo.

Al volvernos tranquilos, dice el profeta, seremos fuertes. Un espíritu apacible se levanta y contempla a

Dios, de quien viene la confianza y el valor. Entonces podemos atrevernos a pensar: «Aunque no pueda hacer esto o aquello, Dios sí puede». Somos capaces de visualizar de nuevo quién es Dios, cuál es su plan para la humanidad, y cómo quiere que todos los pueblos sean salvos por medio de Jesucristo. Tales pensamientos seguramente nos darán la fortaleza y el valor interior, y a través de su Espíritu, algo de su entendimiento y paz.

¡Oh, qué tiempos todavía nos esperan, cuando realmente necesitaremos las palabras del profeta! No perdamos más tiempo para volvernos de inmediato a Dios con esperanza. Él nos brinda su ayuda en muchas cosas, en todo, pero debemos volvernos apacibles para ver a Dios obrando.

Johann Christoph Blumhardt

42

SIEMPRE HAY
UNA SALIDA

*Tú me has librado de la muerte, has enjugado mis
lágrimas, no me has dejado tropezar.*

Salmo 116:8

AVID había estado en peligro mortal, casi
condenado a muerte. Pero Dios lo libró. Por eso
alaba a Dios por guardarlo de tropezar.

Si nosotros —en nuestra angustia y necesidad—, no
podemos ver la salida, es probable que nuestros pies
comiencen a tropezar y perdamos el ánimo. Estaremos
tentados a caer en desaliento, desesperación y murmu-
ración contra Dios, quizá hasta el punto de no creer en
Dios y su promesa. Incluso tal vez caigamos en caminos
falsos y pecaminosos, tomando las cosas en nuestras
propias manos, entonces de seguro vamos a tropezar.
Eso es muy peligroso. Si no resistimos cuando nuestra

fe se pone a prueba, nos arriesgamos a tambalear al borde de la muerte eterna.

Pero el Señor es bueno y no permitirá que seamos tentados más allá de nuestras fuerzas. Antes de que realmente tropecemos, siempre nos da un cambio, una salida. David mismo lo experimentó. Dios lo sacó de todos los peligros. Y nosotros, también, podemos experimentarlo. Sin duda, seguirán llegando luchas y tentaciones. Pero nunca nos faltará la ayuda y el consuelo de nuestro Dios fiel. Las señales de ayuda del Señor nos darán tiempos de regocijo y paz una y otra vez.

Johann Christoph Blumhardt

43

SEÑALES Y MILAGROS

Jesús hizo muchas otras señales milagrosas en presencia de sus discípulos, las cuales no están registradas en este libro. Pero éstas se han escrito para que ustedes crean que Jesús es el Cristo, el Hijo de Dios, y para que al creer en su nombre tengan vida.

Juan 20:30–31

CUANDO el Padre del cielo hace algo, debemos prestar toda la atención. Pero hoy, cuando se lleva a cabo un milagro, lo envolvemos y lo metemos en nuestro bolsillo, y lo guardamos para nosotros. Por esa razón ya no hay bendición en eso, y los que nos rodean no quieren saber nada al respecto.

Cuando vemos una señal, sin importar dónde o de qué clase, todo nuestro ser debería estar lleno de alabanza a Dios. Si tenemos una fe que nos inunda de amor y compasión por nuestro mundo; si aprendemos

—por medio de las señales y milagros que Dios nos da— a tener paciencia con los pecadores, a practicar la gentileza con nuestros amigos y vecinos; si, en lugar de apropiarnos de la experiencia, nos ponemos a los pies del mundo y decimos: «Soy tu esclavo, tu siervo. Voy a servirte y a guiarte»; si somos humildes en vez de sentirnos importantes; si las señales y milagros nos ayudan a convertirnos en verdaderos creyentes en lugar de ser religiosos; entonces el bien triunfará, y podremos dar lugar a más señales y milagros. Esa es la voluntad del Padre celestial y debe ser el resultado de una señal.

He visto a familias enteras acercarse al Salvador por medio de un milagro, haciendo posible que Cristo haga más en ellos. Pero esto tiene que suceder mucho, pero mucho más a menudo. Toda persona que experimenta realmente una señal, por la que el Padre celestial hace algo bueno, debe convertirse en una nueva persona. Deben creer de verdad, y luego todo su ser será lleno con bendiciones divinas.

En cuanto a la sanación, lo más importante es que algo de Dios se manifieste en esta pobre tierra. Aférrate a eso y nunca lo pierdas. Si has sido sanado por medio de un milagro, pero todavía sigues rindiéndote a las cosas terrenales, ¿de qué sirvió? Si caes mortalmente enfermo y el Salvador te sana, y tú lo das por hecho, pensando solo en tu familia y tu negocio, ¿de qué sirvió? Mira hacia arriba, levanta tus ojos al cielo, ahí está tu premio. Cuando experimentamos señales y milagros, algo debe cambiar en nosotros.

Acudamos al Salvador en nuestra necesidad y clamemos ante él: «¡Señor, ayúdanos!». Pero también debemos escucharlo. Y cuando hayamos recibido su ayuda, hagamos la voluntad de Dios. Dejemos que Jesús nos arranque de nuestros caminos terrenales para que podamos tener vida en su nombre.

Christoph Friedrich Blumhardt

44

DIOS DE LO IMPOSIBLE

¿Acaso hay algo imposible para el Señor?

Génesis 18:14

ABRAHAM iba a tener un hijo, aunque él y su esposa Sara ya estaban bastante viejos. Pero el Señor le aseguró: «¿Acaso hay algo imposible para el Señor?» (Génesis 18:14). Algo similar le sucedió a María, dos mil años después. Ella, también, casi no podía creer que iba a concebir un hijo. Pero el ángel le dijo: «Porque para Dios no hay nada imposible» (Lucas 1:37). Jesús mismo lo dijo cuando les explicó a sus discípulos que para un hombre rico era difícil entrar al reino de los cielos. Desconcertados, los discípulos le preguntaron: «¿quién podrá salvarse?»; Jesús les respondió: «Para los hombres es imposible . . . mas para Dios todo es posible» (Mateo 19:23–26).

A través de sus propias obras, Jesús demostró que nada es imposible para Dios. Hizo obras poderosas que eran imposibilidades humanas. De esta forma le dio a nuestra fe una dirección completamente nueva. Convirtió el agua en vino, multiplicó una pequeña porción de panes y pescados al dar gracias, resucitó a Lázaro de la muerte. Milagros auténticos que muchas de nuestras mentes lúcidas actuales no pueden comprender. Pero, para los que creen, Jesús nos muestra el amor de Dios y que él puede hacer lo que nos parece imposible.

Esta certeza de fe debe continuar hoy. No necesitamos esperar que sucedan grandes milagros en todas partes. Pero, si es necesario, Dios puede hacer lo imposible. Esta es la clase de Dios al que servimos, y él quiere que nosotros lo mostremos.

Así como Dios creó el cielo y la tierra de la nada, así también puede crear ahora algo de la nada. Todavía puede convertir el agua en vino, multiplicar los alimentos y resucitar muertos. Así es nuestro Dios. Su reino no estará completo hasta que surja nuevamente una gran multitud que crea que Dios puede hacer hasta lo imposible. Dios quiere hacer algo que solo él puede hacer. Y lo hará otra vez, porque solo él puede poner fin a todos los suspiros y gemidos de la creación.

Johann Christoph Blumhardt

45

MILAGROS INCREÍBLES

Mientras el hombre seguía aferrado a Pedro y a Juan, toda la gente, que no salía de su asombro, corrió hacia ellos al lugar conocido como Pórtico de Salomón. Al ver esto, Pedro les dijo: «Pueblo de Israel, ¿por qué les sorprende lo que ha pasado? ¿Por qué nos miran como si, por nuestro propio poder o virtud, hubiéramos hecho caminar a este hombre? El Dios de Abraham, de Isaac y de Jacob, el Dios de nuestros antepasados, ha glorificado a su siervo Jesús».

Hechos 3:11–13

MUY poca gente comprende cómo Dios puede obrar y cómo puede poner las cosas en orden aquí en la tierra. Solo vemos las cosas desde el punto de vista natural. Nuestra perspectiva educada nos impide ver los milagros.

A pesar de nuestra perspectiva moderna, creo que es muy difícil que alguien no se ponga sumamente feliz, aunque solo lo haga en el secreto de su corazón, si le sucede un milagro. No lo rechazaría, si de repente se recupera de una enfermedad incurable. No, con gusto exclamaría: «¡Es un milagro que esté bien otra vez!». Así es como lo siente en el fondo la mayoría de la gente. En todas partes hay personas que anhelan un Salvador que haga precisamente estas cosas, para las que tiene poco tiempo la llamada medicina moderna.

Todos sabemos que existen ciertas situaciones en las que nos encontramos desvalidos por completo, situaciones en las que todos los poderes humanos conocidos no sirven de nada. Por eso la *fe* no se puede desarraigar de nuestras vidas. No importa cuanta agua nuestro mundo sofisticado derrame sobre el fuego de la fe, nuestro anhelo de creer brota de una forma o de otra. La fe surge, aunque no le abramos paso, en especial *la* fe, que está sedienta de señales de Dios más allá de nuestra expectativa y comprensión. Si esta sed no se satisface, la gente recibe el impulso de un poder notable y misterioso para salir a buscar.

Piensen en la multitud de peregrinos que viajan a Tréveris (Alemania) para ver la santa túnica, que se dice posee poderes milagrosos. Amados amigos, el impulso que mueve a millares para ir a Tréveris es básicamente el mismo impulso que motivó a los diez leprosos a acudir ante Jesús. Aunque la meta no es la misma, el poder que los impulsa a todos es el mismo: una sed de algo que no podemos ver ni comprender, pero que simplemente necesitamos.

Una de las mayores tragedias que hoy enfrentamos es que ya no creemos en milagros. No en milagros insólitos o producidos por la ciencia, sino en los milagros que llevan a la gente a Jesús, milagros causados por una verdadera palabra de Dios. ¿Creemos que podemos ser liberados de la enfermedad y la muerte? ¿Creemos que también podemos ser liberados de la confusión inherente a nuestra naturaleza, del pecado y de las necedades de nuestras esperanzas y ambiciones? ¿Creemos que esto es posible? ¿O no es posible o es nada más que una mentira?

Christoph Friedrich Blumhardt

46

DIOS ES BUENO

Den gracias al Señor Todopoderoso, porque el Señor es bueno, porque su amor es eterno.

Jeremías 33:11

SERÍA demasiado ignorante de nuestra parte pensar que Dios estaba solo y aislado de los miles de millones de almas aquí en la tierra. Él es el Señor Todopoderoso, el Dios de los ejércitos. Comanda grandes regimientos y envía a sus siervos para ayudarnos. Puede llamar a uno y decirle: «Ve con tal y cual persona», y a otro: «Tú ve con aquel», y así sucesivamente. Tiene siervos para cada uno de nosotros, aunque necesite muchos, hay más que suficientes. Dispone de bastantes siervos para que pueda preparar todo para lograr la gran victoria.

Es misericordioso, y con su ayuda siempre podemos aprender algo bueno de todo lo que enfrentamos en la vida, aun cuando también haya mucho que no sea bueno. Su voluntad es hacer el bien, pero solo es nuestro pecado lo que lo estorba. Nuestra voluntad humana, que se reafirma en sí misma, es el pecado más grande. Pero puede y será vencida. Aunque Dios permita ahora este o aquel mal, un día será diferente. La muerte y la enfermedad serán vencidas y derrotadas, ya que su derecho a existir solo dura mientras el pecado esté presente.

Al final, Dios reinará en todos y sobre todos con su gracia y su bondad. Por eso podemos orar: «Líbranos del mal», porque en realidad significa: «Haznos el bien por siempre». Podemos esperar que el Dios de los ejércitos nos libre del mal en este momento, y cuanto más oramos de manera sencilla, más rápido llegará la liberación.

Que podamos orar de esta manera, con la absoluta certeza de ser escuchados, es algo tan grande que debemos dar gracias al Señor Todopoderoso. Aunque exista mucho mal y adversidad, la bondad de Dios quiere alumbrar sobre nosotros una y otra vez, y un día prevalecerá. Todos los poderes del enemigo incluso ahora están siendo quebrantados y destruidos. Así que no tenemos alternativa sino agradecer al Dios Todopoderoso, porque él es bueno.

Johann Christoph Blumhardt

47

MILAGROS DE MISERICORDIA

Subió Jesús a una barca, cruzó al otro lado y llegó a su propio pueblo. Unos hombres le llevaron un paralítico, acostado en una camilla. Al ver Jesús la fe de ellos, le dijo al paralítico:

—¡Ánimo, hijo; tus pecados quedan perdonados!...

—se dirigió entonces al paralítico—: Levántate, toma tu camilla y vete a tu casa.

Y el hombre se levantó y se fue a su casa. Al ver esto, la multitud se llenó de temor, y glorificó a Dios por haber dado tal autoridad a los mortales.

Mateo 9:1–8

EL hecho de que Jesús sanó al paralítico con la sola palabra debe convencernos de que también tiene autoridad para perdonar pecados. El que es capaz de sanar, perdona. Por eso los milagros de Jesús son únicos y significativos.

Debemos recordar que las enfermedades, especialmente las que tienen un carácter demoníaco, son la consecuencia del pecado y la rebelión. Si se deben eliminar nuestras dolencias, la maldición del pecado tendrá que ser destruida; y lo ha sido. Dios escucha las oraciones de pecadores que son humildes y se arrepienten; les ayudará a vencer su sufrimiento. La restauración de la salud que ocurre en una forma más natural sin duda también es una señal del amor de Dios. Dios derrama su gracia sobre todos: «Él es bondadoso con los ingratos y malvados» (Lucas 6:35). Pero esto no significa que sus pecados sean perdonados. Dios nos puede rescatar de la muerte, pero el pecado todavía puede permanecer.

Cada vez que Jesús sanaba, Dios mismo estaba presente —el poder que creó algo de la nada—, y el pecado fue destruido. Por esta razón no es posible que la persona a la que Dios se acerca siga siendo el mismo pecador que antes. Cuando Dios sana en forma milagrosa, en el mismo momento desaparece todo lo que nos separa de él. Somos liberados del pecado y reafirmados en la gracia de Dios.

Por esta razón solo los que tienen fe en Cristo, aquellos que lo reconocen como Hijo de Dios, están en condiciones de recibir gracia y perdón. Donde Jesús no encuentra fe, no puede realizar milagros (Mateo 13:58;

Marcos 6:5–6). Pero cualquiera que se acercaba a él con una fe sencilla recibía ayuda. Muchas veces Jesús dijo: «Tu fe te ha sanado».

En la actualidad la sanación y el perdón no coinciden necesariamente. Esperamos por la plenitud del tiempo cuando el Espíritu será derramado sobre todas las naciones. Sin embargo, por medio de Cristo, el único que «lleva los pecados del mundo», se ha establecido un camino nuevo y eterno. Jesús les dio a sus discípulos autoridad para sanar y perdonar pecados (Juan 20:21–23). Su don de gracia —completo con poderes de lo alto— ahora se concede a todos los que aceptan su muerte reconciliadora. ¡Qué misericordia la que Dios nos ha mostrado! Incluso ahora podemos experimentar la sanación y el perdón de pecados. Regocijémonos y veamos lo que Dios puede hacer.

Johann Christoph Blumhardt

48

SE ACERCA EL DÍA

La noche está muy avanzada y ya se acerca el día. Por eso, dejemos a un lado las obras de la oscuridad y pongámonos la armadura de la luz.

Romanos 13:12

LA noche casi ha terminado; y ya se acerca el día. Aun así, no parece como si el día estuviera cerca. Nuestros pies todavía caminan en pecado, nuestras manos no logran hacer nada bueno. A nuestro alrededor hay miles y miles de personas que están sumergidas en el fango de la corrupción. Mueren en masa. Parece que no hay día sobre la tierra. Pero nuestra fe lo demanda, nuestro amor a Dios, nuestra esperanza en Dios lo demanda, por eso decimos: a pesar de todo, la noche se aproxima a su fin, ya casi empieza el día. Esto fue lo que sucedió cuando Jesús nació: el día llegó.

¿Qué es el día? El día es el amor de Dios. Y el amor de Dios desvanece todo lo malo, todo lo sórdido, todo lo que representa desesperación. El amor incluso vence la muerte. Pero tiene que ser un amor divino que ame también a los enemigos; un amor que no rechace a nadie ni a nada; un amor que avance con determinación en medio de todo, como un héroe, y no será insultado, despreciado ni rechazado; un amor que avance por el mundo con el yelmo de la esperanza en su cabeza.

No hemos sido muy valientes para proclamar este amor: que Jesús nació y que todos los seres creados son amados en verdad. No nos hemos atrevido por la simple razón de que estamos demasiado satisfechos. Es como si disfrutáramos ser pecadores. Pero en realidad nadie disfruta ser un pecador. Todos gimen bajo el peso de su pecado. Cada persona moribunda está sufriendo y suspirando.

El amor de Dios avanza con valentía entre nosotros los pecadores, que gemimos en la muerte. El amor de Dios, que se volvió plenamente humano, se derrama en nuestros corazones. Jesús quiere que nosotros y toda la gente conozca que él es el amor ilimitado de Dios. Con este amor quiere ser la llama por la que seremos purificados. Porque solo el amor nos recibe en su juicio. Es el amor que quiere liberarnos de todo lo que nos esclaviza y nos hace infelices.

Agradezcamos al Padre del cielo que en Jesús ha llegado el día. Que este día —ya comenzado— se manifieste en tu vida. Lucha por la resurrección y la vida, aun si te encuentras en terrible dificultad, temor y angustia. Con agradecimiento en tu corazón, deja que la luz del amor de Dios irradie los rayos de un nuevo día.

Christoph Friedrich Blumhardt

La esperanza que es nuestra

✦   ✦   ✦

49

LUCHAR PARA VIVIR

Cuando ustedes eran esclavos del pecado, estaban libres del dominio de la justicia. ¿Qué fruto cosechaban entonces? ¡Cosas que ahora los avergüenzan y que conducen a la muerte!... Porque la paga del pecado es muerte, mientras que la dádiva de Dios es vida eterna en Cristo Jesús, nuestro Señor.

Romanos 6:20–21, 23

CUANDO llega la muerte, no estamos tratando solamente con un organismo enfermo. Las habilidades humanas pueden ayudar aquí y allá, y nuestra responsabilidad es hacer lo mejor que podamos, como un jardinero hace su máximo esfuerzo para asegurarse de que sus plantas no se destruyan. Pero las personas que no piensan más allá de esto no entienden la enfermedad ni la muerte. La enfermedad es parte de la obra de la muerte, y la muerte es a fin de cuentas una consecuencia del pecado.

La destrucción de cualquier clase es un desorden. No pertenece a la vida. No hay nada natural en la enfermedad, nada benéfico; es algo opresivo y contrario a la vida. En el análisis final, la muerte es un castigo, un poder punitivo. ¡Es un enemigo, de hecho, el último enemigo!

Por eso Jesús llama a su iglesia a luchar contra las fuerzas de la muerte. No es de sorprender que los hospitales y hogares para ancianos se hayan originado en la comunidad cristiana. No nos atrevemos a abandonar a los que están enfermos y moribundos. Un doctor que una vez conocí estaba muy feliz por la ayuda de la ciencia médica. Eso me puso feliz, porque promover la vida pertenece a nuestra dignidad y llamado humanos. Jesús no dijo: «No te molestes por lo que te pasa en la vida». No, él se llama a sí mismo la resurrección y la vida. «El que cree en mí vivirá, aunque muera» (Juan 11:25).

Por tanto, vive y resiste al espíritu de la muerte. Ten valor, no importa lo mucho que tengas que sufrir. Protesta contra la muerte. ¡Tu misión humana es vivir! El juicio contra nuestra vida ahora se ha levantado por medio de Cristo. A través de él puede fluir la vida eterna en nosotros, y podemos vencer nuestra existencia caída. Esta vida temporal, bajo la maldición de la muerte, ya no necesita jugar al tirano.

En nuestra existencia terrenal como pobres humanos tenemos que andar por la tierra de la muerte. Estamos impregnados de su veneno por todos lados. Pero Jesús quiere ponernos a salvo en medio de todas las regiones de la muerte, en todas las sendas en las que fácilmente podemos volvernos temerosos, en especial cuando somos difamados y perseguidos por aquellos que no entienden. Amados amigos, seamos verdaderos luchadores, luchadores en quienes Jesús pueda depositar algo sin temor de ser malentendido. Cristo es el primero y el último, que murió y volvió a la vida. Aférrense a esto, mis amados amigos: ¡el Salvador murió y volvió a la vida otra vez, y ustedes también lo harán!

Christoph Friedrich Blumhardt

50

VIENEN NUEVAS VICTORIAS

Pero les digo la verdad: Les conviene que me vaya porque, si no lo hago, el Consolador no vendrá a ustedes; en cambio, si me voy, se lo enviaré a ustedes.

Juan 16:7

JESÚS tuvo que partir hacia su Padre en el cielo, lejos de sus discípulos, quienes habían dejado confiadamente todo para seguirlo. Tuvo que partir, de lo contrario no podría haberles enviado a su verdadero ayudador: el Espíritu Santo. Si lo meditamos un poco, comprenderemos que para los discípulos fue mucho más importante recibir al «Abogado» que fomentar su relación personal con Jesús. Para llegar a ser lo que Dios tenía en mente, tuvieron que prescindir de su Señor.

Y esto también es verdad para nosotros. El contacto personal con Jesús es maravilloso, pero no podemos depender exclusivamente en él para cambiar nuestros corazones. Pablo escribió que preferiría morir para estar con Cristo, pero que necesitaba quedarse y trabajar por los hermanos (Filipenses 1:23-24). Cuando las cosas se ponen difíciles, muchos de nosotros quisiéramos partir hacia el cielo, pero estamos pensando solo en nosotros mismos, no en lo que todavía hay que hacer por el Señor y su reino.

Estar en casa con Cristo no es lo más importante. Debemos estar listos, justo donde estamos, para luchar y llevar las alegres noticias de Cristo a las naciones. Debemos orar por una renovada fortaleza en nuestra debilidad, por nuevo vigor en la enfermedad, y por nuevas victorias en la tentación, en lugar de querer darnos por vencidos y estar con el Señor. Porque es precisamente en nuestra debilidad donde el Señor es más poderoso (2 Corintios 12:7-10). Así que aun lo más insignificante que hagamos puede tener una gran importancia. Algún día nos sorprenderemos de lo mucho que el Señor valora la fidelidad de su pueblo, especialmente en su debilidad.

Por tanto, no nos apresuremos a irnos de aquí con todos nuestros anhelos, sino más bien oremos por un tiempo de gracia, por trabajo, y también por mucha fortaleza de lo alto. Hagámoslo tanto como nos sea posible, sin resistir al Señor. Entonces, cuando nos llegue el tiempo de partir, estaremos listos con mucho más alegría para ir con el Señor.

Johann Christoph Blumhardt

51

EL PODER DE SATANÁS SE HA ROTO

Un sábado Jesús estaba enseñando en una de las sinagogas, y estaba allí una mujer que por causa de un demonio llevaba dieciocho años enferma. Andaba encorvada y de ningún modo podía enderezarse. Cuando Jesús la vio, la llamó y le dijo:

—Mujer, quedas libre de tu enfermedad.

Al mismo tiempo, puso las manos sobre ella, y al instante la mujer se enderezó y empezó a alabar a Dios. Indignado porque Jesús había sanado en sábado, el jefe de la sinagoga intervino, dirigiéndose a la gente:

—Hay seis días en que se puede trabajar, así que vengan esos días para ser sanados, y no el sábado.

—¡Hipócritas! —le contestó el Señor—. ¿Acaso no desata cada uno de ustedes su buey o su burro en sábado, y lo saca del establo para llevarlo a tomar agua? Sin *embargo, a esta mujer, que es hija de Abraham, y a quien Satanás tenía atada durante dieciocho largos años, ¿no se le debía quitar esta cadena en sábado?*

Cuando razonó así, quedaron humillados todos sus adversarios, pero la gente estaba encantada de tantas maravillas que él hacía.

Lucas 13:10–17

AQUÍ leemos de una mujer que caminaba en condición encorvada. Estaba tan encorvada que apenas podía mirar hacia arriba. Lucas dice que su padecimiento provino de un espíritu de enfermedad con el que Satanás la mantuvo atada durante dieciocho largos años.

Es sorprendente que Satanás pueda desempeñar un papel directo en la deformación de un cuerpo. ¿Acaso el poder de Satanás llega hasta eso? ¿Es posible que el príncipe de las tinieblas tenga una participación activa en algo que de otra manera podríamos entender en términos naturales? Sí, y debemos tratar de comprender mejor hasta dónde se puede extender la autoridad de las tinieblas. Esta sola cuestión, amados amigos, es suficiente para alarmarnos. Pero no debemos olvidar a Aquel que aplastó la cabeza de la serpiente y permanece victorioso sobre Satanás, que también aparece en nuestro texto. Por eso, no tenemos que limitarnos al sombrío dominio de las tinieblas. De hecho, tenemos todas las razones para adorar a Aquel que nos ha liberado de las tinieblas y nos ha guiado hacia la luz.

La Escritura nos dice que el poder de la muerte pertenece al diablo (Hebreos 2:14–15); «Desde el principio éste ha sido un asesino» (Juan 8:44). El diablo claramente tiene que ver con la muerte. ¿Quién envió el fuerte viento que desplomó la casa que aplastó a los hijos de Job? ¿Quién afligió a Job con llagas repugnantes? ¿Acaso esto no revela el poder de Satanás? Satanás todavía sigue tomando parte en las enfermedades corporales.

La muerte no fue parte del plan original de Dios, tampoco la enfermedad, que causa la muerte. La enfermedad es solo el comienzo de la muerte. Casi podemos decir que con cada nueva enfermedad algo muere en nosotros. La enfermedad mata a una persona poco a poco, despojándola de sus facultades, una tras otra, hasta que al final expira el último aliento de vida. Poco a poco, el espíritu de la muerte nos lleva a la tumba, aun cuando no seamos afligidos por ninguna enfermedad particular.

Oh, amados míos, seguramente debemos suspirar por toda la decadencia que plaga nuestro mundo. Hasta que experimentemos la redención de Dios, podremos ver en realidad el abismo a nuestros pies. Hasta que quedemos atónitos por todo lo que se demanda de nosotros —atrapados como estamos por tantas ataduras infernales— podremos ver en acción la gloria de Dios. La misericordia de Dios nos protege de ser plenamente conscientes de la condición en que estamos. Incluso la Escritura solo nos da indicios de lo dominante que es el espíritu de las tinieblas, para que no perdamos el ánimo y nos quedemos desconsolados. Jesucristo vino para destruir las obras del diablo (1 Juan 3:8). Siempre debemos aferrarnos a esto.

Nuestro texto del Evangelio nos muestra que Jesús es capaz de romper las ataduras satánicas. Puso sus manos sobre la mujer y dijo: «Mujer, quedas libre de tu enfermedad». Esto demuestra, como todo lo que el Señor hizo por los enfermos y los endemoniados, que él era el Esperado que podía pisotear serpientes (Lucas 10:19).

¿Quién es este Jesús? ¿Quién era? Por su inquebrantable resistencia, Jesús desacreditó por completo los poderes de las tinieblas. Satanás hizo su mayor esfuerzo con Jesús, torturándolo hasta derramar su sangre y, finalmente, mediante sus siervos, clavándolo sobre una cruz. Pero con paciencia y con fe en su Padre celestial, Jesús venció a Satanás. «Él fue traspasado por nuestras rebeliones, y molido por nuestras iniquidades; sobre él recayó el castigo, precio de nuestra paz, y gracias a sus heridas fuimos sanados» (Isaías 53:5). ¡Sí, sanados!

Debido a la cruz, Satanás ya no puede atar a la gente de la misma manera que antes. Por eso, cuando nos ataca, podemos resistirlo y vencerlo en el poder de Cristo. Cualquiera que lucha contra el espíritu de las tinieblas con fe y determinación puede ser liberado del aguijón de la muerte. La victoria está ganada.

Nuestro Señor ahora se sienta a la derecha de Dios y ha recibido dones para darnos a nosotros. Lucha desde arriba y lo hará hasta que haya puesto a sus enemigos como estrado de sus pies; hasta que sean desarraigados todos los espíritus de enfermedad y todos los poderes que nos deforman y destruyen, en el cuerpo o en el alma. Hasta que toda la creación, todos los cielos y la tierra, puedan regocijarse. Oh, ¡quién podrá concebir la magnitud de esta conquista, la cual heredamos tan pronto como creemos en Jesús y en su victoria!

Johann Christoph Blumhardt

52

NO HAY PRISIÓN QUE PUEDA RETENERTE

Pero tenemos este tesoro en vasijas de barro para que se vea que tan sublime poder viene de Dios y no de nosotros. Nos vemos atribulados en todo, pero no abatidos; perplejos, pero no desesperados; perseguidos, pero no abandonados; derribados, pero no destruidos. Dondequiera que vamos, siempre llevamos en nuestro cuerpo la muerte de Jesús, para que también su vida se manifieste en nuestro cuerpo. Pues a nosotros, los que vivimos, siempre se nos entrega a la muerte por causa de Jesús, para que también su vida se manifieste en nuestro cuerpo mortal. Así que la muerte actúa en nosotros, y en ustedes la vida.

2 Corintios 4:7–12

DIOS necesita combatientes por su reino que perseveren en las buenas y en las malas. Necesita personas cuyos espíritus estén en el cielo, aunque sus vidas estén extremadamente afligidas y sometidas a toda clase de tormentos en la tierra. ¿Acaso Dios quiere fastidiarnos? No, por supuesto que no, nos quiere usar, usarnos como soldados para revelar la vida de Jesús aquí en la tierra.

Cuando sufras tribulación, toma en cuenta que debes hacerlo de tal manera que no solo sea una victoria para ti, sino una victoria sobre el sufrimiento en general. Esto es lo que he experimentado con epilépticos, con ciegos, cojos, sordos, y en general entre los llamados enfermos incurables. Les digo: Alégrate de que estás así. Ahora bien, trae algo de la muerte y resurrección de Jesús a tu situación, a tu prueba, tu necesidad, tu muerte, al dominio de lo incurable que todavía vemos delante de nosotros. Trae algo de Cristo a tu condición. Entonces ayudarás a conseguir la victoria para el mundo entero.

Para decirlo claramente, si nadie está dispuesto a sufrir enfermedad, si nadie está dispuesto a asumir los dolores de la muerte de Cristo, ¿cómo seremos victoriosos sobre la muerte? Si siempre estamos gimiendo y resentidos porque no somos tan saludables como quisiéramos, ¿entonces de qué le servimos a Dios? ¿Cómo puede revelarse en nuestro cuerpo la vida de Jesús?

Todos tendremos que pasar por el camino de la muerte, pero también podemos andar en el camino de la resurrección. Por tanto, sométete a la muerte, aunque algo de ti parezca destruirse para siempre. Deja que se destruya. Pero no temas, aunque sufras en espíritu y tengas que comprender lo débil que eres. El resucitado puede impregnar tu debilidad para que puedas estar más vivo que mucha gente orgullosa que, con toda su salud y fortaleza, se pavonean con despreocupación y jactancia por la vida.

Cuando tengas que padecer enfermedad, en especial alguna que sea humanamente incurable, mantente tranquilo, reflexiona y recuerda a Aquel que murió y volvió a la vida. ¡Regocíjate! Haz uso de tu aprisionamiento y clama al Señor en fe. Entonces él estará a tu lado. Serás más feliz en tu prisión que aquellos que andan por las calles con buena salud.

Ah, amigos míos, el Salvador quiere ayudarnos en todas las vicisitudes de la vida. Recuerda, nuestra tribulación solo dura «diez días» (Apocalipsis 2:10), es decir, poco tiempo. Aunque pueda estar en peligro tu vida, sé fiel. Entonces recibirás el poder de la vida, no solo en el sentido de que vivirás, sino que tendrás fortaleza, justo donde estás, para servir a la vida más allá de ti mismo. Tu fidelidad en verdad tendrá un significado eterno.

Christoph Friedrich Blumhardt

53

ENFRENTANDO
LA ETERNIDAD

Por tanto, no nos desanimamos. Al contrario, aunque por fuera nos vamos desgastando, por dentro nos vamos renovando día tras día. Pues los sufrimientos ligeros y efímeros que ahora padecemos producen una gloria eterna que vale muchísimo más que todo sufrimiento. Así que no nos fijamos en lo visible sino en lo invisible, ya que lo que se ve es pasajero, mientras que lo que no se ve es eterno.

2 Corintios 4:16–18

Tú vas hacia el cielo, al Salvador. Comparado con muchos otros que se quedan en este mundo lleno de lágrimas y aflicción —aunque estén sanos—, vas a ser envidiado. Mientras tanto, aprovecha al máximo tu herencia en el cielo mientras tengas todavía vida aquí en la tierra. No te vuelvas malhumorado y triste, sino sé feliz en el Señor, que te ama por toda la eternidad. Sé agradecido y dale gracias porque ha dispuesto tu alma y te ha preparado.

Puede ser que tengas que soportar todavía más tu sufrimiento. Quizá estés temeroso de que la lucha pueda tornarse más difícil y dolorosa. Pero no te preocupes. Fija tu mirada no en lo que se ve, sino en lo que no se ve. Aprende a vivir un día a la vez, así como lo haría un niño, que piensa solo en el próximo momento y no se preocupa de nada más. Comparado con la eternidad, tus tribulaciones son ligeras y momentáneas. Tienes que volverte por completo como un niño. Eso es lo que el Salvador quiere, porque solo puede usar niños.

Por favor piensa a fondo en esto. Trata de convertirte en nada, sé un pecador, y busca solamente su gracia. Solo esto cancelará las deudas que todavía se tengan contra ti. Si te sumerges por completo en su gracia, encontrarás un gozo perdurable. Aun los obstáculos más pequeños saldrán a la luz y serán removidos. Eso aliviará tu dolor y te hará mucho bien. Entonces podrás decirle a tu Salvador: «Eres tan bueno». Encomienda todo a la autoridad silenciosa del Espíritu Santo, quien puede hablar mejor que tú o que yo. Créelo, el destino de Dios para ti es un regreso victorioso.

Johann Christoph Blumhardt

54

TODAVÍA TIENES
UNA MISIÓN

Por eso mantenemos siempre la confianza, aunque sabemos que mientras vivamos en este cuerpo estaremos alejados del Señor. Vivimos por fe, no por vista. Así que nos mantenemos confiados, y preferiríamos ausentarnos de este cuerpo y vivir junto al Señor. Por eso nos empeñamos en agradarle, ya sea que vivamos en nuestro cuerpo o que lo hayamos dejado.

2 Corintios 5:6–9

TODA persona debe llegar al punto donde pueda venir sola delante del Señor en paz y tranquilidad, donde pueda poner su mirada en él con mucho más confianza, para que, cuando llegue el momento de partir, la unión con él sea serena y sin preocupaciones. Jesús siempre se acerca más cuando más nos desprendemos de las cosas de este mundo, cuando aprendemos a aceptarlo todo con tranquilidad.

Mientras habitemos en el cuerpo, nuestra preocupación debe ser que el Salvador pronto pueda tener misericordia de todo el sufrimiento humano, ya sea que vivamos o no para verlo, aun cuando implique más trabajo para nosotros. Por eso, deja que te conviertas en una pobre alma cuyo enfoque sea la venida del Señor, de uno que suspira con compasión, anhelando que el Salvador cambie pronto todas las cosas. Cuando te entregas a esto, tienes una misión maravillosa. Tus suspiros no serán en vano. Esto te preparará también para un lugar en el cielo, capacitándote para ayudar en las tareas que tendrás cuando estés allí. Seguramente tendrás una misión, mientras el Salvador todavía tenga trabajo por hacer.

Aunque te vayas debilitando, recibirás la certeza de que perteneces al Salvador para siempre. Eso te consolará y, a pesar de todas las dificultades que todavía tengas que enfrentar, te dará un gozo santo. Está del todo bien anhelar a tu Salvador y pedirle que acorte tu sufrimiento, o más bien, que acelere tu preparación para que nada pueda impedir tu regreso victorioso. Este es el objetivo de mis oraciones por ti. El amado Salvador, que te ha dado tanto, hará su parte y te responderá con misericordia. «Dios dispone todas las cosas para el bien de quienes lo aman» (Romanos 8:28), y cuando llegues al cielo, te sorprenderás de lo maravilloso que han sido los propósitos del Señor.

Si piensas que has tenido poca oportunidad de servir a tu Salvador, recuerda que los combatientes también se necesitan en la eternidad, así como Cristo mismo sigue siendo un abogado en nuestro favor (1 Juan 2:1). Recibirás tu encargo y te regocijarás en él. Solo mantente firme y permite que se quite de ti todo lo que pudiera estorbarte. El Espíritu de Dios seguirá obrando en ti si te sometes voluntariamente a su voluntad. Su consuelo radica precisamente en su amor paternal. Que la gracia de Dios en Cristo Jesús habite en ti hasta tu último suspiro.

Johann Christoph Blumhardt

55

EL AMOR DE DIOS ES PARA SIEMPRE

Pues estoy convencido de que ni la muerte ni la vida, ni los ángeles ni los demonios, ni lo presente ni lo por venir, ni los poderes, ni lo alto ni lo profundo, ni cosa alguna en toda la creación, podrá apartarnos del amor que Dios nos ha manifestado en Cristo Jesús nuestro Señor.

Romanos 8:38–39

PABLO escribe que absolutamente nada, sea triste, impactante o desconcertante, debe hacernos dudar del amor de Dios. El amor de Dios es como una roca firme e inconmovible. Nada puede separarnos del amor de Dios.

La idea principal de nuestro pasaje se basa en las palabras «estoy convencido». Esta esperanza segura, esta inquebrantable confianza en Dios por medio de Cristo, nunca se nos puede arrebatar. A través de Cristo tenemos la certeza de que nada puede hacernos dudar del amor de Dios. Por mucha tribulación que experimentemos, por mucho que suframos con Cristo, mucho más seremos sus hijos amados. Tener certeza de esto, esa es la fe.

Por esta razón, quien conozca a Cristo correctamente, en especial su cruz, puede afirmar como Pablo: Dios me ama, sea que viva o que muera. Dios me ama, aunque estén en mi contra los ángeles de Satanás, o los principados y poderes de las tinieblas. Dios me ama, aunque sea atacado por sus enemigos. Dios se ocupará de ellos cuando sea el momento oportuno. De todos modos, Dios me ama. Ya sea que padezca tribulación en el presente, o que me depare en el futuro, o que sea atacado por los poderes de arriba o de abajo, Dios me ama. No importa qué o quién quiera dañarme, o que realmente lo haga, Dios me ama; y puedo aferrarme a esta certeza: ¡Dios me ama!

Johann Christoph Blumhardt

56

HAY UNA CORONA DE LA VIDA

Sé fiel hasta la muerte, y yo te daré la corona de la vida. El que tenga oídos, que oiga lo que el Espíritu dice a las iglesias. El que salga vencedor no sufrirá daño alguno de la segunda muerte.

Apocalipsis 2:10–11

CUANDO llegamos a estar sanos se han acabado nuestros mejores días. Esto es porque nuestros días difíciles se pueden convertir en días de lucha. Cuando estamos enfermos, tenemos la oportunidad de clamar al Señor de manera especial, de luchar junto a él en su sufrimiento. Nos mantenemos por completo con él en contra del sufrimiento del mundo. Podemos clamar, mirar hacia el cielo —alertas y expectantes— y orar de verdad: «Venga tu reino, hágase tu voluntad» (Mateo 6:10). Cuando lo hacemos, somos mucho más útiles al reino que aquellos que felizmente disfrutan de días buenos. ¿No es verdad que los días buenos a menudo producen casi nada: un corazón deprimido y un espíritu desganado? Pero en los días de enfermedad, si acudimos a Dios, pueden ayudarnos a convertirnos en ciudadanos del cielo.

La corona de la vida ya nos está esperando, se puede sentir algo de la eternidad, algo de Dios se ha hecho evidente en la tierra. La corona ya está ahí, el bien que otros sienten obra aun con más poder entre nosotros. Todos sabemos que un día un bebé príncipe llevará una corona. Aunque no es más que un niño, sus siervos se inclinarán ante él y mantendrá alejados a sus enemigos. De la misma manera, ya que somos hijos de Dios, somos vencedores que recibiremos la corona. Estamos rodeados por siervos de Dios: ángeles y potestades de Dios que interceden por nuestra protección. Y el enemigo tiene que rendirse.

Para experimentarlo tenemos que estar justo al lado de Jesús. No nos atrevemos a dar un paso sin que él vaya con nosotros. Sin él no podemos permanecer fieles ni siquiera por un momento. Pero con él podemos atrevernos a resistir la muerte. Eso es algo muy profundo y muy difícil, pero podemos hacerlo con la fortaleza de Dios. Y debemos atrevernos por causa de los demás. En todas nuestras debilidades, Dios quiere que acerquemos la vida eterna a nuestra existencia mortal, a pesar de estar sujetos a la muerte. De este modo podemos contribuir a acelerar el tiempo cuando será destruido el enemigo final.

De esta forma la segunda muerte —los dolores de la muerte en la eternidad— no podrá dañarnos. Ah, amados amigos, esta segunda muerte es seria y de grave significado para todos nosotros. Pero no temamos, el Señor nos ayudará a permanecer fieles. Es una promesa. Y aun si ya estamos cautivos por la muerte y el infierno, aun si estamos aprisionados y subyugados que difícilmente podemos ver la luz de la vida, recordemos que Cristo tiene la última palabra sobre todos los que aprecian su nombre.

Que el Señor bendiga nuestra vida juntos, que él con su Espíritu visite a todos los que están enfermos, para que puedan vencer los males que les acosan y no pierdan el ánimo.

Ah, amado Salvador, danos la corona de la vida, no por nuestra causa, sino por causa de aquellos que por tu gloria deben también recibir vida. Danos una corona de vida a todos los que en este pobre mundo anhelan ser tus discípulos. Señor, danos más valor, y que seamos más alegres. No nos desesperemos. Amén.

Christoph Friedrich Blumhardt

57

LA MUERTE
NO TIENE AGUIJÓN

Nos concedió este favor en Cristo Jesús antes del comienzo del tiempo; y ahora lo ha revelado con la venida de nuestro Salvador Cristo Jesús, quien destruyó la muerte y sacó a la luz la vida incorruptible mediante el evangelio.

2 Timoteo 1:9–10

POR medio de Cristo la muerte ha perdido su poder y por medio de él nos levantaremos de la muerte en el tiempo señalado. Dice: «¿Dónde está, oh muerte, tu victoria? ¿Dónde está, oh muerte, tu aguijón?» (1 Corintios 15:55).

Pero ¿cómo fue destruida la muerte, y cómo fue dada a luz *realmente* la vida y la inmortalidad? Todos nosotros hemos de morir y todos tendremos que padecer los terrores de la muerte. Entonces ¿de qué manera ahora es distinto? Para empezar, para los que creemos, auque tengamos que morir, la muerte es diferente de lo que era antes de conocer a Jesús. Nuestro Salvador dice: «El que cree en mí vivirá, aunque muera» (Juan 11:25). Y Apocalipsis dice: «Dichosos los que de ahora en adelante mueren en el Señor» (Apocalipsis 14:13).

Cuando lo piensas, en realidad nadie ha visto nunca la muerte. Solamente vemos morir y la descomposición del cuerpo, pero no la muerte. Y créeme, la muerte implica mucho más que morir. Si resulta muy mal para el cuerpo después de la muerte, ¿cómo será para el alma, de la que se origina la muerte del cuerpo?

En el Antiguo Testamento leemos sobre el *Hades*, el mundo de los muertos. La descripción del mismo no es una imagen muy bonita. David dice: «En la muerte nadie te recuerda; en el sepulcro, ¿quién te alabará?» (Salmo 6:5). ¿Quién sabe cuánto poder tenía la muerte sobre la pobre humanidad incluso después de la muerte, antes de la venida de Cristo?

Pero en Cristo ahora las cosas son diferentes; es decir, las cosas son diferentes para los que han aceptado el evangelio. De hecho, por medio de Cristo ha ocurrido un cambio total en relación con la muerte. Cristo vino «para destruir por medio de la muerte al que tenía el imperio de la muerte, esto es, al diablo» (Hebreos 2:14 RV). Cristo ha destruido a la muerte y ha traído vida e inmortalidad.

¿Qué sucede con la muerte? Podemos decir con confianza que los que mueren en el Señor experimentan el poder de la muerte solo en la tierra, pero no en el mundo más allá. De hecho, a través de la muerte, llegan a nosotros la vida y la inmortalidad. La luz viene a nosotros —una luz celestial—, precisamente cuando se extingue la luz en esta tierra. Por tanto, podemos decir: «Muerte, ya no tengo nada que ver contigo. Ya no puedes fastidiarme ni acosarme. Estoy libre de ti, aunque todavía tenga que esperar el día de la resurrección».

Jesús fue muerto en el cuerpo, pero hecho vivo en el Espíritu (1 Pedro 3:18). La muerte ya no tuvo más poder sobre él, y la muerte ya no tiene poder sobre los que mueren en Cristo, aun cuando deban esperar por el día de la resurrección. Nosotros que pertenecemos al Señor podemos alegrarnos cuando cerramos nuestros ojos y vemos al gran victorioso que ha destruido el poder de la muerte. Lo veremos, y los que nos rodean lo verán, cuán triunfante el alma que parte se apodera de la vida venidera.

Johann Christoph Blumhardt

58

DIOS NO TE DESAMPARARÁ

Como a las tres de la tarde, Jesús gritó con fuerza:

—Elí, Elí, ¿lama sabactani? (que significa: "Dios mío, Dios mío, ¿por qué me has desamparado?")

Mateo 27:46

¡ALABADO sea Dios, que Jesús pasó por el valle de sombra de muerte por nosotros! Y para él fue mucho más sombrío de lo que podría ser para cualquier ser humano. Se sintió abandonado incluso por Dios, pero en su abandono todavía pudo clamar: «¡Dios mío, Dios mío!».

¿Comprendes lo importante que es no permitir que te sientas abandonado por nuestro amado Señor en la hora del desamparo? Nuestro Salvador clamó: «¡*Elí, Elí*!». La palabra hebrea se forma de «El», que significa «Dios», e «í», que significa «mí», que se escriben juntas como un solo punto o marca. Pero con este pequeño punto Jesús se aferró a la línea que conectaba con el corazón de su Padre. Piensa en la fe como una semilla de mostaza y recuerda lo que podemos lograr con ella, de acuerdo con la promesa del Señor.

Con profunda angustia Jesús luchó en su camino a la fe. Al hacerlo se convirtió en nuestro Salvador. Por tanto, debemos considerar «a aquel que perseveró frente a tanta oposición por parte de los pecadores, para que no se cansen ni pierdan el ánimo» (Hebreos 12:3). Debido a que pasó por el valle de la muerte, también nos puede guiar para atravesarlo. «Aun si voy por valles tenebrosos, no temo peligro alguno porque tú estás a mi lado; tu vara de pastor me reconforta» (Salmo 23:4).

Nuestra agobiada conciencia quiere privarnos de su consuelo. ¡Eso sí que lo pone difícil! Pero Cristo derramó su sangre por nosotros. Así que aun nuestra mala conciencia ya no tiene que quitarnos el valor, siempre y cuando nos aferremos a él. «Tu vara y tu cayado me infundirán aliento.» ¡Qué tremenda vara de pastor puede ser Jesús para nosotros!

Mientras vamos en nuestro peregrinaje aquí sobre la tierra, la senda constantemente atraviesa por una necesidad mortal. Consolados por la propia lucha de Jesús, prosigamos nuestro camino con serena tranquilidad, aunque seamos agobiados, atormentados y atacados de muchas maneras. Él es nuestra bendita esperanza (Tito 2:13). Aferrémonos a él —crucificado y resucitado—, a todo costo. Vamos a tomarlo como una vara para andar y un cayado para apoyarnos. Y sigamos siempre adelante. Él nos guía hacia la gloria de su reino.

Johann Christoph Blumhardt

59

LA PROMESA DE DIOS PREVALECE

Al probar Jesús el vinagre, dijo:

—Todo se ha cumplido.

Luego inclinó la cabeza y entregó el espíritu.

Juan 19:30

EN la Biblia la muerte no es solo una cuestión de ser trasladado al más allá. No, la muerte es un espíritu, que entra cuando no sabemos adónde acudir, cuando estamos desconsolados y desesperados. La muerte viene a nosotros cuando somos atrapados en la marcha del tiempo, en las cosas de este mundo, cuando no podemos ver más que el pasado, o más allá del dinero, la casa o la tierra: eso es muerte.

Por esta razón la cuestión más importante de la vida es: ¿hemos cumplido nuestra misión en la tierra? Si lo hemos hecho, podemos morir con alegría. Por eso Jesús dijo: «Todo se ha cumplido». No haberlo cumplido, ¡pues eso es la muerte!

Jesús también dijo: «El que cree en mí, no morirá, aunque enfrente a la muerte. Lo llenaré de plenitud, porque puedo cancelar sus limitaciones. Yo soy la resurrección y la vida. Lo que comencé en la tierra lo completaré con los lisiados y los cojos, los ciegos y los sordos. Para cualquiera que cree en mí y vive en mí, hay vida, que crece hacia la eternidad. ¡Tu hora ha llegado, la muerte se acabó!».

La tristeza radica en nuestro fracaso en llegar a la plenitud. Nos lamentamos porque arrastramos tanto que dejamos a medias. Pero Dios enjugará esas lágrimas de nuestros ojos. Perdonará nuestros fracasos, enmendará de nuevo lo que esté roto y nos dará un nuevo comienzo. Lo que no pudimos terminar, él lo completará por nosotros, si eso es nuestro verdadero anhelo. Esta es la promesa de la resurrección. Lo que Adán y Eva no lograron en el paraíso, se cumplirá, y lo que hemos fallado en hacer, será completado. Siempre hay esperanza.

Christoph Friedrich Blumhardt

60

YA VIENE
LA NUEVA VIDA

El que estaba sentado en el trono dijo: «¡Yo hago nuevas todas las cosas!».

Apocalipsis 21:5

E L anhelo del mundo entero apunta hacia el día cuando Cristo hará nuevas todas las cosas. Sí, todo, sin excepción, todo será una nueva creación.

Si quieres participar en esto, primero tendrás que entregar tu propia vida. Tu vida tendrá que pasar, para decirlo de alguna manera, por el taller de reparaciones, aun si tienes temor de que todo tenga que desarmarse como una vieja máquina. La Biblia dice: «¡Nuevas todas las cosas!». Esto significa que también tendrás que sacrificar lo que es bueno —o lo que a ti te parece bueno—, sobre todo a lo que te has acostumbrado. Todo tiene que pasar por el taller de reparaciones.

Debes rendir el mundo entero a Dios, con alegría, por completo, cada día y en todas las circunstancias. Mientras retengas áreas de tu vida —aunque sean buenas—, no serán renovadas. Debes rendir todo a Dios antes de que pueda hacerlo nuevo.

Y cuando por fin toda la voluntad de Dios, su buena, agradable y perfecta voluntad, resida en tu corazón, y cuando la voluntad de Dios sobre la tierra corresponda a su voluntad en el cielo, entonces se realizarán los milagros más grandiosos.

Christoph Friedrich Blumhardt

61

ESTOY CON USTEDES SIEMPRE

Y les aseguro que estaré con ustedes siempre, hasta el fin del mundo.

Mateo 28:20

A MEDIDA que pasa el tiempo quizá te sientas débil y desanimado por la naturaleza efímera de todo lo que te rodea. Es posible que no sepas si de la noche a la mañana permanecerá lo que más amas. En ese momento es cuando Dios mismo se hace presente. Él está contigo. «¡Estoy con ustedes siempre!»

La presencia de Dios es nuestra fe. Debemos vivir en ella. Dios está con nosotros, está cerca de nosotros, nunca estamos solos. Aunque tu destino parezca oscuro y difícil, aunque apenas puedas ver hacia adelante, sin embargo, no estás solo. El Salvador te ha unido a sí mismo, algo nuevo te llenará. Un poder vendrá sobre ti, una fuerza y una esperanza para triunfar sobre cada carga que tengas que llevar.

Cada uno de nosotros está en una lucha hasta la muerte, una lucha dolorosa. La cuestión es: «¿Cómo la vamos a soportar?». Todos somos como un angustiado mundo lleno de tormentas y ataques, de dolor profundo y punzadas de muerte. Muchas veces apenas podemos respirar. ¡Pero alégrate! Esta lucha diaria es una victoria diaria. Seguramente te encontrarás rodeado de ángeles grandes y poderosos, y la victoria de tu Salvador se les revelará a ti y a los que te rodean.

«Estoy con ustedes siempre», ¡Que esta palabra sea tu fortaleza y tu consigna! ¡Siempre! Que la presencia de Dios esté viva en ti. ¡Alégrate! Se te ha permitido experimentar las buenas nuevas de que Dios está contigo. Dios siempre está presente, el mismo poder que puede redimir a todos los que se abren a él.

«Estoy con ustedes todos los días», ¿Qué días? Con frecuencia nos sentimos solos. Nuestros días se vuelven tan oscuros que a veces ni siquiera podemos pensar en Dios. Nos desanimamos por todas las cosas necias que hemos hecho. Pero incluso los días más oscuros son días que Dios te ha dado, recuérdalo. Cada día que has vivido pertenece a tus días. Todos esos años, horas y momentos transcurridos que parecen desperdiciados, todas tus experiencias, todas tus alegrías, todo lo que te da el valor para vivir, todo lo que te deprime, te entristece, todo eso pertenece a tus días. Pero es en esos mismos días y horas que entra tu amado Salvador. Si alguno de esos días se ha ensuciado, él los limpiará. Si son oscuros, hará resplandecer su luz sobre ellos para que puedas alegrarte otra vez. También en tus días felices, observa, él está presente. Él está junto a ti todos los días. Tal vez no lo has notado, pero él ha estado y está contigo durante todos tus días. ¡Todos tus días están en sus manos, también tus días futuros!

Cuando miras retrospectivamente tu vida, puede haber cosas de las que estás avergonzado. Pero, de seguro Jesús estaba contigo. Él penetra en todos tus días, incluso desde el primer día de tu vida (Salmo 139). El espíritu redentor de Jesús siempre ha estado obrando en tu vida, incluso cuando mucho de ella haya estado mal. Dios ha estado contigo. ¡Él llega hasta todos tus días! Tu vida entera ha sido, de una forma o de otra, iluminada por su presencia.

¿Puedes comprender que incluso ahora, en tu pobre y humilde cuerpo, puedes experimentar la presencia del Salvador? Dondequiera que estés, lo que sea que puedas o no hacer, siempre puedes representar al Salvador. Toda tu vida y lucha, todos tus dolores y victorias, pueden dar testimonio del Salvador. Cuando recibes consuelo el mundo entero se consuela. Cuando se perdonan tus pecados, hay esperanza para el mundo entero. Cuando vences la agonía de la enfermedad y de la muerte, entonces la misericordia del Salvador se extiende a muchas, muchas personas. «Recuerda, estoy contigo siempre, estoy contigo todos los días»: Este es el evangelio.

En algún lugar de este mundo las tinieblas, el sufrimiento, las cadenas y grilletes que aprisionan a la gente, deben romperse. Quizá tú has sido escogido para estar atado, para que las cadenas que atan a mucha más gente puedan romperse. Tal vez sea tu turno ser abatido. Recuerda, el consuelo que recibes puede consolar a otros. O quizá la muerte está a tu puerta, incluso entonces la esperanza de la resurrección puede revelarse por medio de ti. En todo esto, Dios mismo vendrá a ti, Jesús se te acercará muy personalmente. Él se ha unido a ti, pase lo que pase.

¡Por lo tanto, no temas! Cualquiera sea tu lucha, y lo que sea que tengas que luchar ahora, aunque sea una pequeñez, es importante para la eternidad. El poder de Jesús puede obrar por medio de ti y fluir hacia los demás. Permanece como un siervo dispuesto, de este modo portarás el sello de su obra.

Todas las largas horas de espera, todas las cargas que te agobian y atormentan, todos los poderes de las tinieblas que no entiendes pero sientes a menudo, toda inquietud: ¡todo esto llegará a su fin! La eternidad seguramente se acercará a ti. Dios mismo te sacará de todas las eventualidades del tiempo, de todo lo que no proviene de él, y te llevará a su misma presencia. Los poderes eternos del amor vendrán con mucha tranquilidad, y cuando lo hagan difícilmente podrás imaginar lo grande de los poderes de Dios. Un mundo nuevo estará delante de tus propios ojos.

Christoph Friedrich Blumhardt

BIBLIOGRAFÍA

La compilación de la antología en inglés, que sirvió de base para esta versión española, fue realizada sobre las siguientes fuentes en alemán:

Blumhardt, Christoph Friedrich, y Johann Christoph Blumhardt: *Eine Auswahl aus seinen Predigten, Andachten und Schriften*. R. Lejeune, ed., 4 vols., Zúrich: Rotapfel Verlag, 1925–1932.

— *Hausandachten für alle Tage des Jahres*. Berlín: Furche Verlag, 1926.

— *Vom Reich Gottes*. Eugen Jäckh, ed., Berlín: Furche Verlag, 1925.

— *Von der Nachfolge Jesu Christi*. Eugen Jäckh, ed., Berlín: Furche Verlag, 1923.

Blumhardt, Johann Christoph: *Gesammelte Werke: Schriften, Verkündigung, Briefe*. Paul Ernst, Joachim Scharfenberg, Gerhard Schäfer, y Dieter Ising, eds., 14 vols., Gotinga: Vandenhoeck & Ruprecht, 1968–2001.

LECTURAS RECOMENDADAS

Los siguientes libros se pueden adquirir en

Plough Publishing House
PO Box 398, Walden, Nueva York 12586,
Estados Unidos

Brightling Rd., Robertsbridge, East Sussex, TN32 5DR,
Reino Unido

4188 Gwydir Highway, Elsmore, Nueva Gales del Sur 2360,
Australia

Visite www.plough.com o escriba: info@plough.com

◆　◆　◆

Oraciones vespertinas para cada día del año
Christoph Friedrich Blumhardt
*Estas oraciones llenas de fe le ayudarán a acudir a Dios y
experimentar su cercanía al final de cada día.*

En busca de paz
Apuntes y conversaciones en el camino
Johann Christoph Arnold
*¿Dónde podemos encontrar paz para la mente y el corazón,
con nosotros mismos, con los demás y con Dios? Esa paz
existe, pero demanda una incesante búsqueda que solo se
mantiene por una visión y compromiso.*

No tengas miedo
Cómo superar el temor a la muerte
Johann Christoph Arnold

Historias de personas ordinarias, hombres, mujeres y niños, que encontraron la fortaleza para conquistar sus temores más profundos.

La riqueza de los años
Encontrar paz y propósito en la edad
Johann Christoph Arnold

¿Por qué debería ser gratificante el envejecimiento? Estas historias muestran que a pesar de las pruebas que vienen con la avanzada edad, la vida puede tener una nueva dimensión de significado y propósito.

Discipulado
Vivir para Cristo en la lucha cotidiana
Johann Heinrich Arnold

A veces sensible, a veces provocativo, pero siempre alentador, Arnold guía a los lectores a llevar una vida a semejanza de Cristo, en medio de las presiones y tensiones de la vida moderna.

9 780874 862850